김상복 목사 레위기 강해

거룩한 삶을 살라

김상복 목사 지음

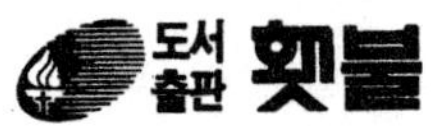

66

내가 거룩한 것같이
너희도 거룩하라고 하신
말씀처럼 거룩한 삶을 살기를
원하시는 ＿＿＿＿＿ 님께
이 책을 드립니다.

99

차 례

머리말

세상과 인간은 죄로 완전히 물들어 있다. 예외는 없다. 이 사실을 입증하기 위해 구태여 신문의 보도나 역사를 들출 필요조차도 없다. 우주의 현상과 인류의 역사가 이 사실을 웅변적으로 말해주고 있다. 어디를 돌아보아도 그 형편은 마찬가지이다. 타락한 인간에게 자신을 정결케 하라고 말해 보았자 아무 소용이 없다.

창세기의 타락의 이야기는 인간의 적나라한 모습을 보여주고 있고 거룩하신 하나님께서는 타락한 인간을 구원해 주셔서 그를 정결케 해 주신다. 노아와 아브라함의 이야기는 하나님의 은혜를 대변해주었다. 출애굽 이야기는 죄의 노예로 오랫동안 얽매여 있던 인간을 구원하여 죄악 세상에서 구별하여 하나님의 거룩한 백성으로 만들어 가는 과정을 보여주고 있다.

레위기에 와서는 죄에 젖은 인간이 거룩하신 하나님을 접근하는 길을 제시해 주면서 선택받아 구원해 주신 거룩한 하나님을 어떻게 드러내며 살 수 있는지를 가르쳐 주고 있다. "내가 거룩한 것 같이 너희도 거룩하라"는 명령으로 하나님의 백성들에게 자신을 나타낼 거룩한 삶을 요구하고 계시다. 이것이 레위기의 메시지이다.

세상의 사람들이 하나님의 백성들을 볼 때 하나님의 거룩하심을 느끼고 볼 수 있어야 한다는 것이다. 하나님의 사람들과 세상의 사람들은 모든 면에 있어서 대조적이다. 선이란 무엇이며 악이란 무엇인가? 무엇이 깨끗하며 무엇이 더러운 것인가? 기준은 비교적 간단하다. 하나님께서는 좋은 것이라면 좋은 것이고 깨끗하다면 깨끗한 것이고 옳다면 옳은 것이다. 모든 선과 거룩함은 그 분에게서 흘러 나오는 것이다.

결국 거룩하신 하나님은 거룩한 자기 백성들이 자신의 거룩하신 뜻을 따라 이 땅에서 타락한 세상과 확실하게 대조적인 거룩한 삶을 살아 하나님의 거룩하심을 나타내라고 하신다. 삶의 모든 영역에서 우리의 모습이나 행동이나 언어나 음식이나 심지어 복장에서까지도 다른 데가 있어야 한다는 것이다.

"내가 거룩한 것 같이 너희도 거룩하라."

오늘과 같이 온 사회가 철저히 죄로 오염되어 있는 때에 믿는 사람들에게 주시는 마땅한 도전이 담겨 있다.

1996년 4월
거룩한 삶을 소원하며
감상복 목사

제 1 장

서 론

서론

레위기의 주제:거룩함

레위기는 하나님의 은혜로 구원받은 사람들이 어떻게 하면 성화된 모습으로 살아갈 수 있는가를 보여주는 책입니다. 그래서 레위기의 주제를 한 마디로 표현한다면 '성화'라고 할 수 있습니다.

레위기에는 '성별됨', '구별됨', '거룩함'이라는 단어가 전반에 걸쳐 나옵니다. '거룩'이라는 뜻을 가진 히브리어는 '코데쉬'(Qodesh)입니다. '코데쉬'의 형용사형은 '카도쉬', 동사형은 '카다쉬'인데, '거룩'이란 단어가 사용된 가장 대표적인 곳이 바로 레위기 11장 44절과 45절입니다.

> "나는 여호와 너희 하나님이라 내가 거룩하니 너희도 몸을 구별하여 거룩하게 하고…"(레 11:44상).
> "…내가 거룩하니 너희도 거룩할지어다"(레 11:45하).

레위기의 주제라고 할 수 있는 이 말씀은 계속하여 19장 2절과 20장 7절과 26절에서 반복됩니다. 이 '거룩'이란 단어가 레위기에서

150번 이상 사용된 것을 보아 **레위기의 핵심 주제는 바로 성화와 거룩**인 것을 알 수 있습니다.

또한 레위기에는 '깨끗하다'는 뜻을 가진 '코세르'(Kosher)라는 단어도 186번이나 나옵니다.

이것은 모두 27장으로 구성된 레위기 한 장에 '거룩'과 관련된 단어가 거의 13번이나 반복되고 있다는 뜻입니다. 이것을 보면 하나님께서 얼마나 철저하게 자기 백성들에게 거룩을 요구하고 계시는지 짐작할 수 있습니다.

우리는 하나님의 자녀로서 세상에서 하나님을 대표하는 존재들입니다. 따라서 우리의 삶 자체가 하나님의 거룩한 모습을 보여줄 수 있어야 합니다. 그래서 하나님께서는 우리를 성화시키시는 한 과정으로, 우리들도 하나님처럼 거룩하라는 말씀을 몇 번에 걸쳐 반복하시는 것입니다.

> "너희는 내게 거룩할지어다 이는 나 여호와가 거룩하고 내가 또 너희로 나의 소유를 삼으려고 너희를 만민 중에서 구별하였음이니라"(레 20:26).

"내게 거룩하라"고 말씀하실 때 사용된 히브리어 '코데쉬'(Qodesh)라는 단어는 원래 '구별하여 따로 떼어 놓는다'는 의미를 가지고 있습니다. 따라서 '거룩하라'는 말은 '구별되라'는 말과 같은 것으로 생각해야 합니다.

거룩의 의미

그러나 정작 '거룩하라'는 말은 어떻게 해석해야 할지 몰라서 고민이 되는 단어이기도 합니다. 거룩에 대해 말도 많이 하고 듣기도 많이 하지만 우리는 정작 '거룩하라'는 것을 어떻게 실천에 옮겨야 하는 것인지 잘 모릅니다.

성경에서 거룩하게 지키라고 한 것 중에 가장 먼저 떠오르는 것은 안식일입니다. 저도 한때 그랬습니다만, 안식일을 철저하게 지키는 사람들은 주일에는 차도 타지 않고 물건을 사거나 돈을 쓰는 일을 하지 않습니다.

제 어머니는 아예 주일 날 아침에는 밥도 짓지 않으셨습니다. 항상 토요일에 밥을 해 두셨다가 주셨기 때문에 주일에는 찬밥을 먹는 때도 있었습니다. 그리고 주일에 어머니는 하루 종일 교회에 계셨습니다.

저도 주일은 오로지 하나님을 위한 일만 하는 날이라서, 친구들과 놀러 다닌다든가 피곤하다고 낮잠을 자 본 적이 없었습니다. 월요일에 아무리 중요한 시험이 있어도 토요일 밤 12시까지만 공부할 수 있었고, 주일을 알리는 자정 종소리가 들리면 즉시 책을 덮어야 했습니다.

옛날 전통적인 방식을 고수하는 교회에서는 성가대원이 파마 머리를 하거나 나일론 치마를 입었다는 이유로 성가대에 서지 못하게도 했습니다. 그런 것들은 세속적이라고 여겼기 때문입니다.

그렇다면 거룩하다는 것은 어떻게 정의해야 하겠습니까?

거룩하다는 것은 구별된다는 뜻입니다. 다른 것과 다르다는 것입니다. 하나님을 모르는 사람들과 구별된다는 의미입니다. 아무런 행동도 하지 않고 그저 눈 감고 앉아 기도하고 있다고 해서 거룩한 사람이 되는 것은 아닙니다. 금식할 때는 당연히 금식을 해야 하지만, 교우들끼리 친교를 나눌 때는 자유롭고 유쾌한 시간을 가질 줄 아는 사람이 거룩한 사람입니다.

거룩이 무표정하고 아무런 감정의 표시도 하지 않는 상태라고 생각하는 것은 거룩을 잘못 이해하고 있기 때문입니다.

하나님께 거룩하라는 말은 우리 자신을 세상으로부터 떼어서 완전히 하나님께 드리라는 뜻입니다. 삶의 방향을 하나님께로 정해 놓고 그 방향을 따라 살라는 말입니다. 거룩은 자기 자신을 산제사로 하나님을 위해서 헌신하는 일입니다.

하나님은 그분이 창조하신 우리 인간이나 이 세상과는 구별되는 분입니다. 그분은 모든 것을 초월해서 계시는 분이기 때문에 구별될 수밖에 없는 분입니다. 그런 분이 자신의 소유로 삼으시려고 우리를 만민 중에서 떼어 놓으셨습니다. 그래서 하나님은 우리에게 하나님의 소유가 아닌 사람들과는 구별되는 삶을 살라고 하십니다.

우리가 억지로 구별되게 행동해서 그런 것이 아니라 하나님이 구별하신 사람이기 때문에 우리는 다른 사람들과 구별되어야 합니다.

예수님을 바로 영접한 사람은 어디가 달라도 다른 면이 있습니다. 그래서 자신이 믿는 사람이라고 광고하지 않아도 믿는 사람이라는 것이 은연중에 드러나게 됩니다. 전혀 모르는 사람인데도 친근감이 가고, 정다움이 느껴지고, 하나님을 아는 사람이라는 분위기가 있습니다. 다른 사람과는 다릅니다.

하나님의 사람에게는 하나님의 향기가 있습니다.

저는 미국에서 목회를 할 때 정기적으로 양로원에 예배를 드리러 간 적이 있었습니다. 미국의 양로원에 있는 노인들은 얼마나 외롭고 비참한 생활을 하고 있는지 모릅니다. 미국은 복지 제도가 잘 되어 있는 나라여서 물질적으로 어려움을 겪지는 않지만, 일 년이 가도 찾아오는 사람 하나 없는 분들이 대부분입니다. 그래서 제가 매 주 예배를 드리러 오는 날을 손꼽아 기다립니다.

그런데 그 분들 중에 한 분이 세 주 정도 예배에 나오지 않았습니다. 그래서 예배를 마치고 그 분 방으로 찾아가서 이유를 물어보았습니다. 그런데 그 분 말씀이 "목사님 얼굴을 보면 하나님 생각이 난다"는 것이었습니다. 그 말은 일종의 죄책감을 느낀다는 뜻이었습니다.

그 분은 29살에 과부가 된 분이었는데, 남편이 죽으면서 네 아이들을 모두 잘 키워달라고 유언을 했다고 합니다. 그런데 혼자서 아이들을 제대로 교육시키고 살기가 어려워진 그 부인은 할 수 없이 사창가에 나가 몸을 팔아서 아이들을 훌륭하게 키웠습니다. 그리고 이제 자신은 늙어 그 양로원에 들어오게 되었는데, 저만 보면 지난날 자신의 모습이 생각나고 죄책감이 든다는 것이었습니다.

그 이야기를 다 들은 저는 그 자리에서 그 분께 예수님의 복음을 전했습니다. 하나님께서는 바로 당신을 용서하시고 새로운 희망을 주기 위해서 예수님을 보내셨다고 했더니 고통 중에 있던 그 분은 곧 예수님을 영접했습니다. 그리고나서는 침대 위로 올라가서 손을 들고 펄쩍펄쩍 뛰면서 "날아갈 것 같다"("I Can Fly")고 반복해서 외쳤습니다.

그 동안 그 분의 마음을 짓누르고 있던 죄의 무게가 벗겨진 것이었습니다.

우리는 하나님의 사람입니다. 그러므로 우리는 다른 사람이 우리의 얼굴을 보는 것만으로도 하나님을 생각하게 하는 사람이 되어야 합니다. 생각하는 것에 있어서나 사람을 대하는 태도에 있어서나 생활하는 방식이나 심지어, 먹는 것과 입는 것에 이르기까지 우리는 하나님을 나타낼 수 있는 사람들이 되어야 합니다. 그것이 바로 구별된 자, 거룩한 자의 삶이기 때문입니다.

레위기는 바로 이렇게 살기 위한 성도의 삶에 대한 세부적인 것들을 기록해 놓은 책입니다.

하나님만이 하실 수 있는 우리의 구원은 거저 주시는 하나님의 은혜입니다. 그러므로 성경의 중심은 우리가 거룩하고 높으신 하나님을 사랑하라는 데 있는 것이 아니고, 그런 하나님께서 우리를 사랑하신다는 데에 있습니다.

기독교인이 되는 것이 어려운 일이 아닙니다. 자신의 힘으로 해야 할 어떤 힘든 일이 있는 것이 아니기 때문입니다. 예수님의 복음을 접하는 순간에 복음을 깨닫고 받아들이기만 하면 됩니다.

그러므로 **구원은 완성이 아니라 하나의 시작을 알리는 출발점입니다.** 그 다음에는 성화의 문제가 따르게 되고 이것은 아주 길고 다양한 과정을 거치게 됩니다. 이 성화의 마지막 목표가 바로 우리가 예수님처럼 거룩하게 되는 데 있습니다.

레위기는 바로 이 과정을 우리에게 알려줍니다.

저는 그 동안 목회를 해오면서, 교인들이 기독교 신앙에 대해 약간의 오해를 하고 있다는 것을 발견했습니다. 이 오해는 동시에 안 믿는 사람들이 믿는 사람들에게 가지는 오해이기도 합니다. 그 오해는 바로, 예수를 믿는 사람은 그 즉시 아주 거룩한 사람이 될 것이라는 생각입니다.

그러나 예수를 믿는다고 해서 곧바로 성화가 되는 것은 아닙니다. 예수 믿는 사람과 안 믿는 사람의 차이는 성화 여부가 아니라, 한 쪽은 용서받지 못한 죄인이고 다른 한 쪽은 용서받은 죄인이라는 차이에 있습니다.

실제로 미국의 통계를 보면, 미국에서 복음주의 교회에 다니는 사람과 교회에 다니지 않는 사람의 생활 방식의 차이는 거의 없다고 합니다. 우리 나라에서도 만약 그런 통계를 낸다면 아마 비슷한 결과가 나오지 않을까 싶습니다.

결국 예수를 믿는다고 하는 것은 죄인이 성화되는 과정 속에 있다는 것이지, 이미 성화된 상태가 되었다는 것이 아닙니다.

우리도 이런 점을 인정하며 신앙생활을 하고 또, 다른 사람들도 구원과 성화에 대한 정확한 인식을 가질 수 있도록 도와야 할 것입니다.

목회자도 마찬가지입니다. 목회자란 다른 사람들보다 더 집중적으로 시간을 투자해서 성경을 연구하고 신학을 배운 사람이란 의미이지, 이미 완전히 성화된 사람이란 의미가 아닙니다. 목회자라고 해서 평신도보다 월등하게 성화되고 인격적으로 완성된 사람이라는 기대를 가지게 되니까 마음에 상처를 받게 되고 실망하게 되는 것입니다. **하나님 앞에서는 어떤 인간이라도 무릎을 꿇고 머리를 숙여 은혜와 용서를 구해야 하고 성령의 도움을 받아 거룩해져야 될 사람입니다.**

평신도들도 교회에 다닌 지는 오래 되었지만 아직 자기 성화가 온전히 이루어지지 않은 사람이 교회의 중심적인 일을 많이 하게되면 문제를 일으킬 소지가 많습니다. 성화되지 못한 사람은 겸손하게 잠잠하여 영적 성장을 도모하는 것이 교회나 본인을 위해서 덕이 됩니다. 그렇지 않으면 온 교회에 갈등과 분란을 일으키는 사람이 되기 쉽습니다.

교회에서 흔히 생기는 문제들은 초신자들이 일으키는 것이 아닙니다. 대개, 오랫동안 교회를 다녔으나 성화되지 못했으면서도 그만한 대접을 받아야 한다고 자처하는 사람들이 일으킵니다.

교회에 오래 다녔다고 해서 그 시간 동안 쉼 없이 성화의 과정을 겪는 것은 아닙니다. 사람과 환경에 따라서 얼마든지 시간적인 차이가 날 수 있습니다. 성화가 반드시 시간에 비례하지는 않습니다. 교회에서 주로 '일'에만 중점으로 두고 시간을 보내는 사람들은 이 성화의 과정을 제대로 거치지 못하는 경우가 많습니다.

우리 한국 교회는 그동안 대형화되었고 여러 가지 활동이 많아졌지만 그렇다고 해서 성화의 과정이 그만큼 충실했다고 볼 수는 없는 것 같습니다. 교회나 교단의 문제가 끊이지 않고 있는 것이 그 증거입니다.

예수님을 영접하고 나서도 인간의 죄성은 우리 가슴 속에 거의 그대로 있는 것 같습니다. 그래서 그것이 나도 모르는 사이에 튀어나올 때, 자신에 대해서 좌절하고 실망하게 됩니다. 잠시라도 하나님의 은혜에서 떠나 있으면 그 사이를 비집고 자신이 가지고 있던 본래의 나쁜 기질이 나타납니다.

아마 이런 경험은 누구에게나 있을 것입니다. 그 때마다 가슴을 치고 회개를 하는데도 그 자리를 벗어나면 또다시 범죄하게 되는 것이 인간입니다. 그래서 교회에도 문제가 있고, 갈등이 있고, 상처를 주고받게 되는 것입니다.

그러나 하나님께서는 그렇게 어리석은 우리를 언제나 긍휼히 여기십니다. 죄가 많은 곳에 오히려 은혜가 많은 법입니다.

우리 주위에서 보면 태어날 때부터 성품이 온유하고 부드러운 사람이 있습니다. 그런 사람이 예수님을 믿게 되면 주위에서는 그 사람을 아주 신실한 성도라고 칭찬합니다.

그러나 사실 그 사람은 하나님을 만나서 성품이 그렇게 변화된 것이 아니라 원래 천성으로 좋은 성품을 타고났기 때문에 그런 것입니다. 그런 성품의 사람은 하나님을 모르고도 대부분 그렇게 차분하고 부드럽게 살아갈 사람들입니다.

그러므로 그것을 성화의 표식으로 삼는 것은 문제가 있습니다. 하나님께서 은혜를 베푸셔서 그 사람을 변화시키는 것이라야 진정한 성화라고 할 수 있습니다.

성화는 하나님의 은혜요 성령님의 역사에 의존해서만 가능한 일입니다. 인간의 의지, 인간의 수고나 수양은 인간을 영적으로나 근본적으로 변화시키는 데는 턱없이 부족합니다.

하나님만이 우리를 변화시킬 수 있고, 성령님만이 우리에게서 예수 그리스도의 모습을 조금이라도 보이게 하실 수 있습니다.

선한 것은 무엇이든 하나님으로부터 오는 것이며, 모든 것은 전적으로 하나님의 은혜입니다. 그렇다고 해서 나에게는 전혀 희망이 없고 능력이 없다고 좌절해서는 안됩니다. 우리에게는 모든 것을 가능하게 하는 길이신 하나님께서 계시기 때문입니다.

자기 자신을 보면 말할 수 없는 절망을 하지만, 하나님을 바라보면 그 가운데에서도 모든 것을 가능하게 하는 희망이 있습니다. 이것은 학식이나, 돈이나, 명예에 의해 결정되는 것이 아닙니다. 이것이 우리에게 위안이 되고 안심이 됩니다.

성격이 좋은 사람이라거나, 믿는 집안에서 태어났다거나 하는 것이 무조건적인 특혜가 되지는 않습니다. 하나님은 그런 외적이고 인간적인 조건으로 사람을 판단하시는 분이 아니십니다. **하나님은 단 하나, 그 사람의 중심을 보십니다.**

'깨끗함'을 의미하는 히브리어 'Kosher'는 하나님께서 우리를 구별하시고 우리가 그분의 뜻을 따라서 성화되어 하나님의 거룩이 우리

를 통해 자연스럽게 나타나는 모습을 뜻합니다. 거룩해지면 깨끗해집
니다. 우리의 겉모습뿐만 아니라 우리의 영혼이 깨끗해져야 합니다.

지금까지 살펴본 바와 같이, 성화의 과정이 어떻게 이루어지며, 어
떻게 깨끗하게 될 수 있는가를 보여주는 것이 바로 레위기 전반에 흐
르고 있는 주제라고 할 수 있습니다.

레위기의 명칭

이 부분을 '레위기'라고 부르게 된 것은 칠십인역에서 비롯되었습
니다. 본문의 내용에는 다른 성경들에 비해 유난히 제사 의식에 대한
교훈들이 많이 들어 있으므로 70인 역자들은 이 성경의 이름을 헬라
어로 '레위티콘'(Leveitikon)이라고 불렀습니다. 레위티콘은 '레위
인들에 관하여'라는 의미입니다. 이 명칭이 라틴어 역본인 벌게이트
(Vulgate)본에서 '레비티쿠스'(Leviticus)로 사용되었고, 이후에 나
온 역본들은 이 명칭을 따랐습니다. 이것을 우리 말로 번역한 것이
'레위기'입니다.

그러나 레위기의 본래 히브리어 명칭은 '와이크라'(Wayyiqra)였
습니다. 이것은 '그리고 그가 부르셨다'는 뜻입니다.

고고학자들이 옛 앗시리아 지역의 왕궁 도서관을 발굴해서 약 20만
개의 점토판을 찾아내었습니다. 이 점토판들은 손바닥만한 정도의 장
방형 모양으로 되어 있고 그 위에 새겨진 문자는 쐐기문자입니다.

그런데 이 점토판들을 읽기 위해서는 각 판의 마지막 글자를 다음
판의 첫머리에 새겨서 연결하는 방법을 썼습니다. 그래서 자연히 첫

글자가 그 책의 이름이 되었던 것입니다.

　레위기의 제목도 레위기의 첫글자인 '와이크라'에서 딴 것입니다. 레위기 1장 1절을 보면 "여호와께서 회막에서 모세를 부르시고 그에게 일러 가라사대"라고 되어 있습니다. 그런데 이것은 우리 말로 읽기 좋게 번역한 것일 뿐, 히브리 원문대로 하자면 "그리고…"라고 시작되어야 합니다.

　이 처음 문장은 모세오경이 하나의 책이었다는 근거입니다. 어떤 책을 처음 쓰면서 '그리고'라는 단어를 쓰는 경우는 없기 때문입니다. 이것은 모세 한 사람이 오경 전체를 혼자서 썼다는 근거이기도 합니다. 즉 출애굽기에서 계속되는 문장입니다.

　그런데 고등비평 신학자들은 모세오경의 저자가 각각 다르다고 주장합니다. 그 책들을 쓴 년대는 각기 다르고, 그것들이 하나의 책으로 편집된 것은 BC 5세기 경이라고 말합니다.

　이것을 문서설이라고 하며, 전세계적으로 보편적인 학설로 인정받고 있지만 저로서는 도저히 수용할 수 없는 학설입니다. 창세기와 출애굽기를 강해할 때도 이미 이 문서설의 문제점에 대해서 살펴본 바가 있습니다.

　70인역 성경이 완성된 것은 BC 2세기 경 알렉산드리아에서였습니다. 당시에는 유대인이면서도 히브리어를 모르는 사람들이 많았습니다. 그래서 그들을 위해서 성경을 헬라어로 번역할 시대적 필요가 있었습니다. 그런데 이 번역의 과정에서 우리가 주목하여 살펴볼 점이 있습니다.

이사야서 7장 14절의 "처녀가 잉태하여 아들을 낳을 것이요"라는 말씀 중에 '처녀'라는 단어가 나옵니다. 그런데 요즘, 이 '처녀'라는 단어가 '처녀'가 아니라 '젊은 여자'였다거나, '이사야의 아내'였다거나 하는 학설이 퍼져 있습니다.

그러나 재미있는 것은, 예수님 오시기 250년 전에 성경을 번역한 사람들이 '알마'라는 히브리 단어를 번역할 때 '처녀'라는 뜻의 '파르테노스'라는 헬라 단어로 번역한 점입니다.

엄밀히 말해서 '처녀'라는 히브리 말은 '베툴라'라는 단어입니다. 그런데도 보편적으로 '젊은 여자'라고 번역할 수 있는 '알마'라는 단어를 헬라어로 번역할 때 번역자들은 굳이 '처녀'라는 전문용어를 선택했습니다. 히브리어 '알마'에 해당하는 헬라어로는 '네아니스'라는 단어가 있었습니다. 그런데도 70인 역자들은 다른 곳에서는 '알마'를 '네아니스'로 번역했으면서 유독 이사야서 7장 14절에서만큼은 '처녀'를 의미하는 '파르테노스'로 번역했습니다.

이것은 예수님이 처녀 탄생을 하기 이전에 유대인 랍비들이 이미 메시아의 탄생은 처녀를 통해서 이루어질 것이라고 기대하고 있었다는 것을 말해줍니다. 이들의 기대에 어긋남 없이 예수님은 처녀를 통해 이 땅에 나셨고, 예수님 이후의 모든 성경 기록자들도 처녀 탄생을 기록하였습니다. 이후, 기독교 역사 이래로 예수님의 탄생에 관해서는 처녀라는 단어를 써서 표현했습니다.

그런데 20세기의 합리주의와 고등비평, 문서비평이 나오고부터는 예수님의 처녀 탄생을 거부하는 신학이 생기게 되었습니다. 미국 NCC에서 만든 RSV성경은 이런 20세기적 사상에 의해서 '처녀'를 '젊은 여인'으로 번역하고 있습니다. 현대의 과학으로 기독교를 재단하고 있는 것입니다. 따라서 이것은 전통적인 기독교 사상이라고 할 수 없습니다. 성경적 신앙은 처녀탄생을 언제나 믿었습니다.

기독교 신앙은 언제나 성경에서 출발하고 성경으로 돌아가야 합니다. 지금까지 이 전통을 지켜왔기 때문에 한국의 기독교가 지금처럼 부흥하게 된 것입니다. 한국보다 기독교의 역사가 훨씬 앞선 유럽의 교회들은 이제 거의 문을 닫고 있는 형편입니다.

그래서 지난번 세계의 기독교 지도자들이 서울에 모여 선언한 '서울선언문'에서는, 유럽을 우리의 선교지로 삼아야 한다는 내용을 포함시켰습니다. 인간의 이성과 과학과 사상만을 주장하고 외치던 서구의 기독교는 이제 설 자리를 잃은 것입니다. 이제는 그들로부터 받을 것이 별로 없게 되어 버렸습니다. 하나님의 말씀에 대한 철저한 인식이 없으면 하나님의 복음과 축복이 설 곳이 없다는 것을 보여줍니다.

지식과 과학으로 영적인 것을 찾을 수는 없습니다. 예수님의 방식처럼, 간단하고 명료하게 진리를 말하는 데에 능력이 있고 힘이 있습니다. 진리는 자체 속에 능력이 있습니다.

하나님의 말씀에 기록되기를, "처녀가 잉태했다"고 하면 그렇게 믿으면 됩니다. 그것은 과학으로 증명할 수 없는 하나님의 초자연적인 기적입니다. 하나님이기 때문에 가능한 일이 인간의 합리적인 사고로 어떻게 이해가 되겠습니까?

이것은 하나님에 대한 믿음과 신앙고백으로 가능한 일입니다. 이러한 믿음으로 인해서 우리의 삶에도 하나님의 기적이 나타나게 됩니다. **신앙은 자연을 초월하는 기적적인 것이며 일상을 뛰어넘는 비범한 것입니다.**

레위기의 내용

레위기는 거룩함에 관해 기록한 책입니다. 레위기는 먼저 (1)거룩의 대상에 대해서 상세하게 말씀하고 있으며, 계속해서 (2)거룩해지는 방법과 (3)거룩한 성장에 대해서 말씀하고 있습니다.

1. 거룩함의 대상

이스라엘 사람들은 모든 것이 거룩해야 합니다. 레위기는 먼저 하나님의 백성인 이스라엘 백성들은 하나님 앞에서 거룩할 것을 이야기합니다(레 1:1-6:7). 또, 그 백성은 물론이고 그 백성들을 대표하여 하나님 앞에 나아가는 제사장들 역시 거룩할 것을 요구합니다.

뿐만 아니라 하나님은 성막과, 성막에 쓰일 그릇, 그리고 제사에 쓰일 제물들과, 제사장들의 옷들까지도 정결해야 한다고 말씀하십니다.

2. 거룩해지는 방법

이스라엘 백성들은 그냥 거룩해지는 것이 아니었습니다. 거룩을 위해서는 당연히 해야 할 의식들이 있었습니다. 그 의식은 희생제물을 하나님께 드림으로서 죄의 대가를 지불하는 것이었습니다. 희생 제물의 피를 흘림으로 죄를 씻어야 했습니다. 피흘림이 없이는 죄의 용서도 없습니다.

3. 거룩한 성장

레위기는 또한 거룩한 성장을 이루는 방법을 말씀하고 있습니다. 거룩한 상태가 성장하기 위해서는 부정한 것들로부터 의도적으로 구별되어야 했습니다. 원래 거룩이라는 말 자체가 구별되어 성별된다는 뜻이 있다는 것을 이미 앞에서 살펴보았습니다.

또, 거룩한 성장을 위해서는 영혼을 대속하기 위한 대속의 희생이 반드시 필요했습니다. 특히 대속을 위한 피흘림은 아주 중요한 것이었습니다. 대속의 피가 있었기 때문에 우리가 구원을 받을 수 있습니다.

> "…생명이 피에 있으므로 피가 죄를 속하느니라"(레 17:11 하).

피는 곧 죽음을 의미합니다. 그런데 요즘 새로 번역된 성경 가운데에 '예수님의 피'라는 단어를 없애고 '죽음'이라는 단어로 대치한 성경이 있습니다. '피'를 아주 잔인한 것으로 이해해서 그 단어를 의도적으로 빼버렸습니다. 대개, 자유주의 신학자들이 이런 일을 많이 합니다. 그들은 정통적인 기독교 신학을 거부하고 현대적인 해석을 통해 성경을 나름대로 해석합니다.

그들은 예수님이 우리를 위해서 돌아가셨다는 것을 대속 '설'(代贖說)이라고 해서, 하나의 학설로만 보고 있을 정도입니다. 심지어 서양의 자유주의 목회자들 가운데에는 예수님의 동정녀 탄생과 대속설을 부인하는 사람들도 많이 있습니다.

저는 이런 학설과 이론에 명백히 반대합니다. 성경에 '피' 라고 기록되어 있는 것은 '피' 라는 단어가 들어가야 하기 때문에 그렇게 기록한 것입니다. 성경의 단어들이 다른 것으로 대체된다면, 성경은 원래의 의미를 잃어버리고 전혀 다른 의미의 문장이 될 수도 있습니다.

따라서 원래의 번역을 다른 것으로 대치하는 것은 아주 위험한 일입니다. '피' 라는 단어와, '죽음' 이라는 단어가 갖는 의미와 느낌은 전혀 다릅니다. 그런데 몇몇 사람이 임의로 그렇게 만들어 놓는 것은 위험천만한 일입니다. 성경의 표현은 표현대로 두고 뜻을 설명하면 됩니다.

우리가 십자가에서 흘리신 예수님의 피를 생각하면서 느끼는 감정과, 그저 막연한 죽음을 떠올리면서 느끼는 감정은 다를 수밖에 없습니다. 성령님의 인도하심을 따라 써 놓은 것을 마음대로 고쳐 놓는 것은 옳지 못한 일입니다.

'피' 라는 말이 씌어져 있으면 그대로 '피' 라고 이해하면 됩니다. 레위기는 피로 낭자한 책입니다. 영혼을 대속하는 것은 피이며, 피가 아니면 대속이 이루어질 수 없기 때문입니다.

저는 개인적으로 "나의 죄를 씻기는 예수의 피밖에 없네" 라는 찬송을 참 좋아합니다. 예수님의 피의 대속이 있었기 때문에 내가 구원을 받을 수 있었던 것 아니겠습니까? 이 찬송을 부르면 하나님께서 나를 살리기 위해서 그의 외아들을 어떻게 희생하셨는가 하는 것이 가슴에 사무치게 느껴집니다.

예수의 피 때문에 죄가 용서되었고, 그 피 때문에 영혼이 대속되었습니다. 예수의 피에 죄사함이 있고, 용서와 대속이 있습니다. 피가 없는 곳에는 용서도 없습니다.

4. 신약과 레위기

신약에서 레위기를 인용한 부분은 40회나 나옵니다. 이렇게 많이 인용된 책은 신명기 외에는 거의 없습니다. 대표적인 구절이 마태복음 8장 4절과 누가복음 2장 22절, 그리고 히브리서 8장 5절 등입니다.

> "저희가 섬기는 것은 하늘에 있는 것의 모형과 그림자라 모세가 장막을 지으려 할 때에 지시하심을 얻음과 같으니 가라사대 삼가 모든 것을 산에서 네게 보이던 본을 좇아 지으라 하셨느니라"(히 8:5).

특히, 신약의 히브리서는 레위기에 대한 신약적 주석입니다. 히브리서는 레위기에서 복음과 그리스도에 대해 모형과 상징으로 비유하던 것을 명확하게 드러내어 밝히고 있습니다.

그래서 레위기의 영적인 뜻을 이해하려면 히브리서를 함께 펴놓고 살펴보면 많은 도움이 됩니다.

레위기의 구조

이제 레위기의 내용을 요약해봅시다.

레위기는 크게 두 부분으로 나눌 수 있습니다. 하나는 거룩함에 관한 부분이며 다른 하나는 예배규범에 관한 부분입니다. 첫번째, 거룩함에 관한 부분은 레위기 1장에서 16장까지에 나타나는데, 여기서는 주로 거룩하신 하나님께 접근하는 방법이 나타나 있습니다. 두번째, 예배규범에 관한 부분은 17장에서 27장까지인데 여기서는 주로 거룩한 삶의 방법이 나타나 있습니다.

1. 거룩한 하나님께 접근하는 방법

죄를 범한 인간이 거룩하신 하나님께 접근하려면 네 가지의 단계를 거쳐야만 합니다. 하나님의 거룩하심은 인간이 나름대로의 정화되는 의식을 거치지 않으면 감히 가까이 갈 수 없었습니다.

레위기는 우리에게 거룩하신 하나님께 접근하는 데는 네 가지 방법이 있다는 것을 말해줍니다.

첫째/ 하나님께 우리의 속죄를 위한 희생제물을 바치는 방법입니다 (레 1-7장).

인간이 거룩하신 하나님께 접근하는 첫번째의 방법은 제물을 통하는 방법입니다. 제물을 드리는 방법으로는 번제로 드리는 것이 가장 대표적입니다. 번제라고 하는 것은 제물을 통째로 완전히 불살라서 그 연기와 냄새를 하늘로 올려 보냄으로써 하나님께 제물을 드리는 방법입니다.

제물을 통째로 불사르는 것은 드리는 사람의 완전한 헌신을 의미하는 것으로 본인이 스스로 원해서 흠 없는 수컷을 제물로 가지고 와야 했습니다. 흠이 없다고 하는 것은 그리스도의 상징이 되기도 합니다. 스스로 제물을 가져와 바친다는 것이 중요합니다.

저는 한국교회의 성장 요인 중에 하나가 성도들의 자발적인 헌금이라고 생각합니다. 세계 어느 나라를 돌아보아도 우리 나라만큼 헌금의 종류가 많은 나라가 없습니다. 그리고 감사헌금의 종류나 특별헌금의 종류노 참으로 낳습니다.

십일조는 성경에 정해진 것이지만 감사헌금이라고 하는 것은 자기 믿음과 은혜의 분량에 따라서 하는 것 아닙니까? 자원해서 하는 것이 참으로 하나님께 드리는 헌금이라고 할 수 있습니다. 하나님이 기쁘게 열납하시는 것은 마음에 없이 드리는 많은 제물이 아니라, 적은 양이라도 진정으로 원해서 드리는 제물입니다.

자신의 주머니에 헌금할 수 있는 물질이 있고, 감사하면서 헌금할 수 있는 이유가 있다는 것은 아주 기쁘고 즐거운 일이 아닐 수 없습니다. 마음에 부담이 되는 헌금은 좋지 않습니다. 예배는 드리면서도 헌금은 외면하는 사람들도 있고, 헌금 때문에 시험에 들거나 교회 다니는 것에 걸림돌이 된다고 말하는 사람들도 있습니다.

그러나 헌금은 그냥 없어지는 물질이 아닙니다. 하나님께서 반드시 다시 몇 배로 갚아 주십니다. 사실 우리가 가지고 있는 물질은 하나님께서 우리에게 허락하셔서 있게 된 것이므로 엄밀히 말하면 하나님의 것을 다시 되돌려 드리는 것입니다. 우리는 그 물질을 수송하는 라인에 불과한 것입니다. 하나님은 우리가 돌려드리는 것보다 더 많이 주시게 되어 있습니다. 헌금은 씨와도 같습니다. 씨를 심으면 많은 열매가 나는 것은 우주의 법칙입니다. 결국 주는 사람이 복을 받습니다.

기왕에 해야 할 일이라면, 모든 일은 좋은 기분으로 기꺼이 해야 합니다. 그리고 무엇이든지 가능하면 즐기면서 하면 더욱 좋습니다. 그것이 마음에 원한다고 잘 되는 일은 아닙니만 훈련을 하면 가능합니다. 길지도 않은 인생을 살면서 체면 때문에 하거나 억지로 한다면 자기 자신에게 해가 되는 것입니다. 물질뿐 아니라 시간, 몸, 재능도 주님을 위해 드립시다.

둘째/ 제사장을 통해 거룩하신 하나님께 접근하는 방법입니다(레 8-10장).

제사장은 우리가 하나님께 드리는 제물을 가지고 하나님께로 나아가는 대표자이자 대리자입니다. 레위기 8장에서 10장의 말씀은 아론과 그 아들들이 이 제사장의 성직을 수행하기 시작하고 또 아론의 아들 나답과 아비후가 여호와 앞에 잘못 제사를 드리다가 하나님의 불에 죽임을 당하는 사건을 보여줍니다.

이것은 세상의 제사장으로는 하나님의 완전하신 거룩함에 이르기에 부족하다는 것을 가르쳐 줍니다. 완전한 제사장이신 예수 그리스도가 오시기까지 인간은 일시적이고 불완전한 제사를 드릴 수밖에 없었던 것입니다.

셋째/ 순결을 통해 거룩하신 하나님께 나아가는 방법입니다(레 11-

15장).

인간은 부정한 것을 피하고 순결을 지킴으로써 거룩하신 하나님께 접근할 수 있습니다. 레위기 11장에서 15장의 말씀은 짐승들 중에 부정한 짐승과 순결한 짐승을 구별하고 있고 해산과 전염병 등 사람들의 일상에서 있을 수 있는 부정한 것과 순결한 것들을 구별하고 있습니다.

그러나 이러한 구별을 통해 인간이 하나님의 거룩하심에 이를 수 있다기보다는 인간의 근본적인 타락으로 인하여 예수 그리스도의 피 흘리심을 입지 않고는 우리가 집하게 되는 모든 섯늘과 행위가 부정할 수밖에 없다는 것을 가르쳐줍니다.

넷째/ 속죄일을 통해 거룩하신 하나님께 나아가는 방법입니다(레 16장).

이스라엘 민족은 매년 칠월 10일을 속죄일로 정하여 그 날에는 하나님께 속죄함으로써 하나님 앞에서 정결을 지킬 수 있었습니다(레 16:29-34).

그러나 예수 그리스도께서 십자가에 피를 흘려서 그 피값으로 사신 백성인 우리들은 일 년에 한 번의 속죄일을 지킬 필요가 없습니다. 일 년 365일이 속죄일인 우리는 언제든지 예수 그리스도의 십자가를 통해서 언제나 하나님께 나아갈 수 있습니다.

2. 거룩한 삶의 방법

레위기 17장에서 27장은 예배규범에 관한 율법들을 가르쳐줍니다. 하나님 앞에서 성별된 민족으로서 살아가는 거룩한 삶의 방법을 말해

주고 있습니다. 이 거룩한 삶의 방법은 율법, 윤리의 기준, 절기, 축복과 저주, 맹세 등에 관한 내용을 포함하고 있습니다.

그러면 하나님에 대한 예배의 규범으로서, 거룩한 삶의 방법에 대해 레위기의 후반부를 간단히 요약해 봅시다.

첫째/ 율법을 통한 거룩한 삶(레 17장)

레위기 17장은 희생제물과 고기를 먹는 일에 관한 율법을 통해 이스라엘 백성이 지켜야 할 거룩한 삶을 보여줍니다. 하나님은 가축을 잡아 희생제물로 드리는 일은 성막에서 해야 한다는 것과, 생명의 근원이 되는 피는 먹지 말 것 등을 말씀하십니다.

둘째/ 윤리기준을 통한 거룩한 삶(레 18-22장)

하나님은 18장에서 20장에 이르는 말씀에서 언약의 윤리를 세우시고, 하나님과 사람 앞에 실천적인 거룩을 추구할 것과 이방의 풍속을 배격할 것을 말씀하십니다. 또한 21장과 22장은 제사장의 직무와 성물을 위한 희생제사 등에 관한 율례를 통해 거룩한 삶의 방법을 말씀하십니다.

셋째/ 절기를 통한 거룩한 삶(레 23-25장)

레위기 23장에서 하나님은 봄과 가을의 축제들을 비롯한 절기들에 대한 율법을 말씀하시고, 24장에서는 회막에서 매일과 매주는 지켜야 할 의식적인 규례 등에 대해서 말씀하십니다. 모든 절기는 하나님을 기억하며 하나님께 감사드리는 가운데 하나님의 거룩하심을 생각케 하는 절기들입니다.

넷째/ 축복과 저주를 통한 거룩한 삶(레 26장)

레위기 26장은 하나님의 율법들에 대한 요약을 한 뒤, 순종에 대한 축복과 불순종에 대한 저주를 말씀하십니다. 즉 하나님의 말씀에 순종하고 율법을 따르는 일은 축복을 받으며 하나님의 거룩하심에 이르는 길이지만 불순종하는 것은 바로 저주에 이르는 길임을 보여줍니다.

다섯째/ 서원을 통한 거룩한 삶(레 27장)

레위기 27장은 서원과 예물과 십일조에 대한 율법을 보여줍니다. 사람과 짐승에 대한 서원과 집과 밭을 봉헌 할 때 등을 통해 하나님께 헌물을 드릴 때의 의무를 말씀하고 있습니다.

지금까지 레위기의 주제, 레위기의 의미, 레위기의 명칭, 레위기의 구조에 대해 살펴보았습니다. 사실 레위기는 다른 성경에 비해 딱딱하고 읽기에 어려움이 있는 것이 사실입니다.

그러나 우리가 지금까지 살펴본 것과 같이 레위기는 사실 하나님의 백성이 하나님 앞에서 살아야 할 거룩한 삶에 관한 모든 것들이 실려 있는 '거룩한 보고'라고 해도 과언이 아닙니다. 또한 레위기에는 예수 그리스도의 모형이라고 할 많은 율법들과 상징들, 그리고 비유들이 숨어 있습니다.

그리고 이런 상징들은 예수 그리스도의 생애를 통해 하나씩 완성되면서 그 의미가 증폭되었고, 이 모든 것은 신약의 히브리서를 통해 잘 드러나 있습니다.

따라서 우리가 레위기의 내용과 구조에 대한 충분한 이해를 갖고 살펴본다면 우리는 그 속에서 희미한 상징으로 그려지고 있는 예수 그리스도의 모습을 만날 것이며, 우리에게 요구하시는 하나님의 거룩이 얼마나 크고 구체적이며 엄중한 것인지를 발견하게 될 것입니다.

이제 레위기는 딱딱한 책이라는 선입관을 버리고, 레위기 속에 숨어있는 거룩하고 성별된 삶과 구원의 복음이라는 보물을 찾아떠난다는 기대와 함께, 우리의 영원한 연인인 예수님을 만난다는 설레임으로 레위기를 향한 여행을 시작해 보기로 합시다.

제 2 장

향기로운 제물을 드리라

"여호와께서 회막에서 모세를 부르시고 그에게 일러 가라사대 이스라엘 자손에게 고하여 이르라 너희 중에 누구든지 여호와께 예물을 드리려거든 생축 중에서 소나 양으로 예물을 드릴지니라 그 예물이 소의 번제이면 흠 없는 수컷으로 회막 문에서 여호와 앞에 열납하시도록 드릴지니라 그가 번제물의 머리에 안수할지니 그리하면 열납되어 그를 위하여 속죄가 될 것이라 그는 여호와 앞에서 그 수송아지를 잡을 것이요 아론의 자손 제사장들은 그 피를 가져다가 회막 문 앞 단 사면에 뿌릴 것이며 그는 또 그 번제 회생의 가죽을 벗기고 각을 뜰 것이요 제사장 아론의 자손들은 단 위에 불을 두고 불 위에 나무를 벌여 놓고 아론의 자손 제사장들은 그 뜬 각과 머리와 기름을 단 윗불 위에 있는 나무에 벌여 놓을 것이며 그 내장과 정 갱이를 물로 씻을 것이요 제사장은 그 전부를 단 위에 불살라 번제를 삼을 지니 이는 화제라 여호와께 향기로운 냄새니라…"(레 1:1-3:17).

향기로운 제물을 드리라

레위기는 거룩하신 하나님께 나아가는 방법과 하나님의 백성으로서 거룩한 삶을 사는 법을 기록한 책입니다.

제1장 서론에서 우리는 이미 거룩하신 하나님께 접근하는 방법에는 제물을 통한 접근, 제사장을 통한 접근, 정결을 통한 접근, 속죄절을 통한 접근이 있다는 사실을 알아보았습니다.

제물을 통해 하나님께 접근하는 방법은 레위기 1장에서 7장에 걸쳐 기록되어 있습니다. 특히 레위기 1장은 번제물에 관한 말씀입니다. 하나님은 거룩에 관한 책인 레위기를 시작하면서 번제물에 관한 말씀으로 레위기의 첫장을 엽니다.

> "여호와께서 회막에서 모세를 부르시고 그에게 일러 가라사대 이스라엘 자손에게 고하여 이르라 너희 중에 누구든지 여호와께 예물을 드리려거든 생축 중에서 소나 양으로 예물을 드릴지니라"(레 1:1-2).

여호와 하나님께서는 회막에서 모세를 부르십니다. 회막에서 여호와께서 모세를 부르셨다는 것은 이때 이미 성막이 완성되었음을 의미합니다. 하나님은 그 성막에서 모세에게 여호와께 드릴 예물에 대해 말씀하셨습니다.

여호와께서 말씀하시는 예물에는 번제와 소제와 화목제와 속죄제와 속건제가 있습니다.

번제물:완전한 헌신

레위기 1장은 그 중에서 번제(燔祭:Burnt Offering)에 대한 말씀입니다. 번제불은 제물을 통째로 태워서 드리는 예물로서 **여호와에 대한 완전한 헌신**을 의미합니다. 번제는 이스라엘 백성들이 가장 많이 드리던 제사 형식이며 동시에 가장 오래된 제사 형식입니다.

'번제' 라고 불리우는 이유는 제물 모두가 불에 태워져 하나님께로 올라가기 때문입니다. 개역성경에서 말하는 '번제' (燔祭)는 '태우는 제물' 이란 뜻이지만 원래 히브리에서는 '올라가는 것' 이란 뜻을 가진 히브리어 '올라' 가 사용되었습니다(레 1:3,10,14).

다시 말해 번제는 하나님께 올라가는 제물이란 뜻입니다. 번제는 제물을 태워서 하나님께 향기로운 냄새를 올려드림으로써 하나님의 진노를 달래며 인간의 죄를 대속하는 것이었습니다.

번제물에 관한 율례

하나님은 하나님께 바칠 번제물에 대해 말씀하시면서 이스라엘 백성들이 번제물을 바칠 때 지켜야 할 것들을 말씀하셨습니다. 하나님께 드릴 제물은 하나님이 요구하시는 기준에 맞는 것이어야 했습니다. 왜냐하면, 하나님은 거룩하신 분이므로 거룩하신 하나님 앞에 바칠 제물도 거룩한 것이어야 했기 때문입니다.

첫째/ 번제물은 소나 양 중에 흠 없는 수컷이어야 합니다.

"그 예물이 소의 번제이면 흠 없는 수컷으로 회막 문에서 여호
와 앞에 열납하시도록 드릴지니라"(레 1:3).
"만일 그 예물이 떼의 양이나 염소의 번제이면 흠 없는 수컷으
로 드릴지니"(레 1:10).

번제물은 흠 없는 수컷이어야 했습니다. 하나님께 드릴 성결한 제
물이므로 흠이나 점이 있거나 불구여서는 안되었습니다. 또, 자발적
으로 드리는 번제물일 경우에는 예외가 있었으나, 번제물은 수컷이어
야 했습니다.

이것은 번제물로 쓰일 제물은 의식적으로 정결하며, 식용인 가축
중에서도 재산으로서의 가치가 있는 짐승들이었습니다. 다시 말해,
하나님은 예배드리는 이가 가지고 있는 것 가운데서 최상의 것을 번
제물로 요구하셨습니다.

둘째/ 번제물은 본인들이 스스로 자원해서 드려야 합니다.

번제물을 드리는 사람이 제물을 가지고 회막의 문으로 들어섰다는
3절의 말씀은 그 제물을 드리는 사람이 제물과 함께 자기 자신을 하
나님께 바친다는 헌신의 표시였습니다. 이 헌신은 온전한 헌신이며
자발적인 헌신이어야 합니다.

따라서 하나님은 즐거이 드리는 제물을 기뻐하십니다. 하나님께서

는 소나 양과 같은 제물 자체를 기뻐하시는 것이 아닙니다. 하나님은 자신에게 있는 가장 귀한 것으로 하나님께 드리는 그 마음을 기쁘게 여기시고 받으십니다.

그러므로 아무리 값진 제물이라 할지라도 그 제물을 바치는 사람이 자원하는 마음, 기쁨으로 드리는 마음이 아니라 억지로, 마지못해 드리는 것이라면 하나님은 그 제물을 기쁘게 여기시지 않습니다.

제게는 딸이 셋 있습니다. 흔히들 말하기를, 딸을 키우는 재미가 아들을 키우는 것보다 낫다고 하는데 정말 그렇습니다. 사람은 부모가 되면, 하나님의 마음을 어느 정도 짐작하게 됩니다. 자식들이 자라가는 모습을 보면서 하나님이 우리를 보실 때 어떤 마음일까를 알게 됩니다.

우리 아이들이 어릴 적에 이런 일이 있었습니다. 하루는 집에 돌아갔더니 딸 아이 중 하나가 "아빠, 다녀오셨어요?" 하더니 쪼르르 달려와서는, 보기에도 탐스럽게 생긴 과일 하나를 불쑥 내밀었습니다. 그래서 "이게 뭐니?"하고 물었더니 딸아이의 말이 "오늘 엄마가 과일을 사주셨는데 그 중에서 가장 맛있어 보이는 것을 아빠 드리려고 숨겨두었어요"하는 것이었습니다. 아직 어린 나이였지만 그래도 먹을 것을 보니까 아버지 생각이 났고 그래서 가장 좋은 것은 남겨놓았다는 것입니다.

세상의 어떤 아버지가 그런 자식에게서 사랑과 부모된 기쁨을 느끼지 않겠습니까? 그런 아이에게는 아버지에게 있는 가장 좋은 것, 아버지의 모든 것을 아끼지 않고 다 주고 싶은 마음이 생길 것입니다.

하나님의 마음이 이런 것입니다. 하나님은 세상이 보기에는 보잘것 없고 하찮은 것일지라도 자원하는 마음으로 온 정성을 다하여 드리는 제물을 기뻐하십니다. 하나님이 바라시는 제물은 아나니아와 삽비라가 바쳤던 거짓된 재물보다는 가난한 과부의 생활비였던 두 렙돈인 것입니다.

하나님이 보시는 것은 제물 그 자체가 아니라 그 제물을 바치는 사람의 중심입니다.

셋째/ 번제는 바치는 사람의 죄를 대속해줍니다.

> "그가 번제물의 머리에 안수할지니 그리하면 열납되어 그를 위하여 속죄가 될 것이라"(레 1:4).

번제물의 머리에 안수하는 것은 번제를 드리는 사람의 죄가 번제물에게로 옮겨져서 번제물이 그 사람의 죄를 대신하여 희생제물이 되는 것을 의미합니다. **번제의 첫번째 목적은 번제를 드리는 사람의 완전한 헌신에 있지만 속죄제와 더불어 번제는 죄에 대한 속죄의 기능도 있습니다.**
따라서 번제물을 완전히 태우는 것은 번제물과 함께 그 사람의 죄도 완전히 태워 없어지는 것을 의미합니다.

넷째/ 번제는 짐승을 통째로 태워 향기로운 냄새를 하늘로 올려보냄으로써 하나님께 드리는 제물입니다.

> "아론의 자손 제사장들은 그 뜬 각과 머리와 기름을 단 윗불

위에 있는 나무에 벌여 놓을 것이며 그 내장과 정갱이를 물로 씻을 것이요 제사장은 그 전부를 단 위에 불살라 번제를 삼을 지니 이는 화제라 여호와께 향기로운 냄새니라"(레 1:8-9).

번제물로 드리는 짐승은 통째로 불살라졌습니다. 다른 제물을 드릴 때는 제사장들에게 돌아가는 부분이 있었지만 번제물의 경우는 전부가 하나님께 드려져야 했습니다. 물론 예외도 있어서 새를 번제로 드릴 때는 멱통과 더러운 내장은 제하여 버리고 제물로 드렸습니다(레 1:14-17). 그러나 소와 양의 경우에는 뜬 각과 머리와 기름을 모두 불살랐을 뿐 아니라 더러운 내장과 정강이까지도 물로 씻어서 깨끗하게 한 후에 불렀습니다.

제물로 바쳐진 짐승의 전부를 단 위에서 불살랐다는 데에 번제의 독특성이 있습니다. 그리고 이 번제가 "여호와께 향기로운 냄새"라고 표현된 것은 하나님께서 이 번제를 받으셨다는 표현입니다.

이 번제는 예수 그리스도에 대한 모형입니다. **번제로 드려진 흠없는 제물은 곧 완전하고 아무 흠도 없으셨던 그리스도를 예표합니다.** 동시에 번제물은 그 바친 사람의 죄를 지고 하나님께 드려져서 죄를 대속하고 하나님의 구속을 이룬다는 점에서 그리스도가 십자가 위에서 대속 제물로 드려지는 것에 대한 모형입니다. 예수님은 하나님의 뜻을 이루기 위해 완전한 헌신으로 하나님께 드려진 하나님의 어린 양이었습니다.

여기에 대해 히브리서는 이렇게 말하고 있습니다.

"그리스도께서 장래 좋은 일의 대제사장으로 오사 손으로 짓지 아니한 곧 이 창조에 속하지 아니한 더 크고 온전한 장막으로 말미암아 염소와 송아지의 피로 아니하고 오직 자기 피로 영원한 속죄를 이루사 단번에 성소에 들어가셨느니라"(히 9:11-12).

번제물로 드릴 수 있는 다섯 가지 짐승

아무 짐승이나 번제물로 드릴 수 있는 것은 아니었습니다. 하나님은 거룩한 하나님께 드리기에 합당한 성결한 짐승들을 원하셨습니다.

번제물로 쓸 수 있는 제물에는 모두 다섯 가지의 짐승이 있었습니다. 그 짐승들에는 하나하나가 상징하는 뜻이 있습니다. 또 그 번제물들은 번제를 드리려는 사람의 경제적인 능력에 따라서 선택할 수 있도록 배려한 것이었습니다.

황소

황소는 **완전한 순종**을 의미하는 짐승입니다. 황소를 바칠 만한 물질적인 축복을 받은 사람은 황소를 바쳐야 합니다. 황소 바칠 능력이 있는 사람이 비둘기를 가지고 온다는 것은 진정으로 마음을 다해 드리는 예물이라고 할 수 없습니다.

자신의 능력에 맞는 제물을 드리는 것을 하나님께서는 예물로 받으십니다. 하나님은 비둘기를 바칠 능력밖에 되지 않는 사람에게 황소를 요구하시는 분이 아닙니다. 그래서 부자의 많은 돈보다 과부의 두 렙돈을 더 기쁘게 받으신 것입니다.

황소를 바칠 수 있는 사람은 황소를, 비둘기를 바칠 수 있는 사람은 비둘기는 바치는 것이 믿음입니다.

흔히 헌금을 강조하는 목사님은 마치 그분이 물욕이 있어서 그런 것처럼 생각하는데, 그렇지 않습니다. 마땅히 하나님께 드려야 할 것을 드리고 바치는 것을 교육하는 것은 중요한 일입니다. 그것은 하나님의 자녀로서 물질 관리를 어떻게 할 것인가를 가르치는 일입니다.

중요한 것은 비둘기와 황소를 구분하지 않고 모든 사람에게 황소만을 요구하고 무리한 짐을 지우는 것이 나쁘다는 것이지, 헌금을 이야기하는 자체를 나쁘게 생각해서는 안 됩니다. 헌금을 단순히 교회의 재정을 늘리는 방법으로만 생각하기 때문에 이런 현상이 생깁니다. 그러나 헌금을 도외시하는 것은 하나님의 축복을 막는 것입니다.

황소는 바로 '완전한 순종' 을 의미하는 짐승이었습니다. 그것은 바로 십자가의 수치를 이기고 죽기까지 순종하신 예수 그리스도를 상징하는 것이기도 합니다.

양

레위기 1장 2절과 10절은 번제로서 양이 드려질 수 있었음을 보여줍니다. 양은 **완전한 항복**을 의미합니다.

이사야서 53장 7절은 그리스도가 마치 조용히 도살장에 끌려가는 어린 양과 같을 것을 보여줍니다.

> "그가 곤욕을 당하여 괴로울 때에도 그 입을 열지 아니하였음이여 마치 도수장으로 끌려가는 어린 양과 털 깎는 자 앞에서 잠잠한 양 같이 그 입을 열지 아니하였도다."

이 귀절은 또한 사도행전 8장 32-35절에서 다시 인용되어, 그리스도가 마치 털 깎는 자 앞에 말 없이 서 있는 어린 양과 같을 것이라는 이사야서의 말씀이 성취되었음을 보여줍니다.

번제로 드려진 어린 양은 죽음 앞에서 완전히 자기 자신을 바치는 그리스도를 상징한 것이었습니다.

염소

염소는 **완전한 대속자**를 의미했습니다. 마태복음 25장에 보면 양과 염소를 구분하는 이야기가 나옵니다.

> "인자가 자기 영광으로 모든 천사와 함께 올 때에 자기 영광의 보좌에 앉으리니 모든 민족을 그 앞에 모으고 각각 분별하기를 목자가 양과 염소를 분별하는 것 같이 하여 양을 그 오른편에, 염소는 왼편에 두리라"(마 25:31-33).

염소의 비유는 죄 없는 분이 죄가 있는 분으로 취급받는 것을 나타냅니다. 그래서 우리의 대속자가 되신 것입니다.

또, 고린도후서 5장 21절을 보면 예수 그리스도께서 우리를 위하여 죄인 되신 것을 이야기하고 있고, 갈라디아서 3장 13절에도 우리를 위하여 저주를 받으사 죄 없으신 하나님의 아들께서 죄인이 되셨다고 말하고 있습니다.

> "하나님이 죄를 알지도 못하신 자로 우리를 대신하여 죄를 삼

으신 것은 우리로 하여금 저의 안에서 하나님의 의가 되게 하려 하심이니라"(고후 5:21).
"그리스도께서 우리를 위하여 저주를 받은 바 되사 율법의 저주에서 우리를 속량하셨으니 기록된 바 나무에 달린 자마다 저주 아래 있는 자라 하였음이니라"(갈 3:13).

야생 비둘기와 어린 비둘기

가난한 사람들은 황소나 양, 염소 대신에 비둘기로 번제를 드릴 수도 있었습니다. 비둘기는 야생 비둘기와 어린 비둘기도 나누어집니다.

> "만일 여호와께 드리는 예물이 새의 번제이면 산비둘기나 집비둘기 새끼로 예물을 삼을 것이요"(레 1:14).
> "만일 힘이 어린 양에 미치지 못하거든 그 범과를 속하기 위하여 산비둘기 둘이나 집비둘기 새끼 둘을 여호와께 가져가되 하나는 속죄제물을 삼고 하나는 번제물을 삼아"(레 5:7).

비둘기 제물은 두 마리를 드리는데 한 마리는 죄를 대속하기 위한 제물로 드리는 것이고, 또 한 마리는 번제를 위한 제물로 드리는 것입니다. 여기에서 비둘기는 **완전한 가난과 순진성**을 나타냅니다.

또, 이사야 38장 14절에 보면 "나는 비둘기와 같이 슬피 울고"라는 말씀이 나오는데, 이것은 야생 비둘기들의 우는 소리가 구슬프게 들리기 때문에 슬픔을 표현하는 말로 비둘기를 사용한 것입니다. 비둘기는 슬픔을 상징하기도 합니다.

예수님 가족은 예루살렘 성전에 번제를 드릴 때 비둘기로 드렸습니다.

"모세의 법대로 결례의 날이 차매 아기를 데리고 예루살렘에 올라가니 이는 주의 율법에 쓴 바 첫 태에 처음 난 남자마다 주의 거룩한 자라 하리라 한대로 아기를 주께 드리고 또 주의 율법에 말씀하신 대로 비둘기 한 쌍이나 혹 어린 반구 둘로 제사하려 함이더라"(눅 2:22-24).

아주 가난하게 사셨다는 것을 알 수 있는 대목입니다. 예수님은 태어날 때부터 남의 집 마구간 구유에서 태어나셨고, 자라면서도 가난한 생활을 했습니다. 나중에 공생애를 사실 때에도 주변에 있는 많은 사람들의 도움을 받으셨고, 십자가에 못 박히신 후 무덤까지도 남의 무덤을 빌려야 했습니다. 예수님 스스로도 이렇게 말씀하셨습니다.

"예수께서 가라사대 여우도 굴이 있고 공중의 새도 집이 있으되 인자는 머리 둘 곳이 없도다 하시고"(눅 9:58).

전 우주를 다 소유하신 분이 우리를 위하여 스스로 낮아지고 가난해지신 것입니다.

자기가 가진 것이 부족하다고 열등의식을 갖는 것은 잘못입니다. 받은 은혜대로 최선을 다해 사는 것이 가장 잘 사는 사람이고 칭찬받을 사람입니다.

가진 것이 많다고 우월의식을 갖는 것도 잘못된 것입니다. 자기가 가진 것이 많다고 생각하면 하나님께 감사하고 드릴 것도 더 많다는 것을 깨닫고 사명감을 가지고 살아야지, 자기 자랑으로 삼아서는 안 됩니다.

우월감은 반드시 교만이라는 질병을 만드는데 이 병은 걸린 사람만 모르고 주변의 모든 사람들은 다 알고 수근거리는 병입니다. 우월감은 위장된 열등의식입니다. **자기 자신의 모습 그대로 하나님이 받으시기 원하면서 최선을 다해 사는 사람이 행복하고 복되게 사는 사람입니다.**

달란트의 비유는 그것을 잘 나타내줍니다. 하나님께서 하나를 주시고 다섯을 원하셨던 것이 아닙니다. 다섯을 준 사람에게는 다섯을, 셋을 준 사람에게는 셋을, 하나를 준 사람에게는 하나를 남길 것을 요구하셨습니다.

그런데 하나를 가졌다고 해서 아예 남길 생각을 하지 않고 그저 묻어둔 것이 주인의 분노를 일으킨 것입니다. 주어진 것을 어떻게 사용하는가 하는 것이 문제이지 선택의 여지가 없이 자신에게 이미 주어진 것은 문제가 되지 않습니다.

소제 : 향기로운 냄새

소제(素祭:Cereal Offering)는 밀가루를 태워서 향긋한 냄새를 올리는 제물입니다. 소제를 가리키는 히브리어는 '민하'인데, 곡식으로 드리는 제사를 말합니다. 소제는 그냥 독립적으로 드릴 수 있지만 보통은 번제나 화목제와 함께 드려졌습니다.

소제는 나실인이 되는 서약 후에나 나병환자가 깨끗하게 된 후에 드리는 정결의 소제와, 아내의 부정이 의심스러울 때 드리는 의심의 소제가 있었습니다. 이외에도 제사장을 임명할 때, 성막과 성전을 봉헌할 때 등에도 드려졌습니다.

소제를 드릴 때는 먼저, 예배를 드리는 사람이 소제로 드릴 예물을 준비하고, 다음에 그것을 그릇에 담아 성소에서 제사자에게 드리고, 제사장은 그 중에서 한 줌을 취하여 단 위에서 태우는 순서로 진행되었습니다.

그러면 이제 소제에 사용되었던 것들에 대해서 살펴보기로 합시다.

잘 갈은 밀가루, 기름과 유향을 섞으라

"누구든지 소제의 예물을 여호와께 드리려거든 고운 가루로 예물을 삼아 그 위에 기름을 붓고 또 그 위에 유향을 놓으라" (레 2:1).

소제는 고운 밀가루와 기름과 유향을 섞은 것이 기본적입니다. 이 중에서 특히 기름과 유향은 일반적인 음식과 소제를 구분하는 기준이었습니다.

잘 갈은 고운 밀가루는 굴곡이 없고 균형 있는 예수님의 고우신 성품을 상징합니다. 완전하고 균형잡힌 예수님의 인격을 상징하는 것입니다.

기름은 성육신하신 예수님을 덮은 성령을 상징합니다. 즉 예수님께서 성령의 역사로 태어나셨다는 것을 상징하는 것입니다(마 1:18-23).
또, 유향은 하나님 앞에 서신 예수님 생애의 향기를 상징합니다.

불에 사르라

제사장은 예배를 드리는 사람에게서 고운 기름 가루 한 줌과 모든 유향을 취하여 불에 살랐습니다. 번제가 제물 전부를 다 불사르는 것과는 달리 소제는 그 모든 것을 하나님께 드린다는 표시로 그 일부가 불살라졌습니다.

> "아론의 자손 제사장들에게로 가져 올 것이요 제사장은 그 고운 기름 가루 한 줌과 그 모든 유향을 취하여 기념물로 단 위에 불사를지니 이는 화제라 여호와께 향기로운 냄새니라"(레 2:2).

여기에서 **불은 죽기까지 고난과 시련을 받으신 예수님을 상징합니다.**

떡과 과자에 누룩을 넣지 말라

떡이나 전병으로 소제를 드릴 때는 누룩이 들어있지 않은 것으로 제물을 드려야 했습니다. 화덕에 구운 것이든 번철에 구운 것이든 중요한 것은 누룩이 들어있지 않은 것이어야 한다는 점입니다.

> "네가 화덕에 구운 것으로 소제의 예물을 드리려거든 고운가루에 기름을 섞어 만든 무교병이나 기름을 바른 무교병을 드릴 것이요 번철에 부친 것으로 소제의 예물을 드리려거든 고운 가

루에 누룩을 넣지 말고 기름을 섞어 조각으로 나누고 그 위에 기름을 부을지니 이는 소제니라"(레 2:4-6).

누룩이 없는 떡과 과자는 거짓 없이 진실되신 예수님의 성품을 상징합니다. 누룩을 넣지 않는 것은 죄와는 무관한 삶을 나타내는 것입니다.

꿀을 섞지 말라

소제로 드리는 음식에는 누룩뿐만 아니라 꿀도 소제로 드리는 음식에 섞지 말라고 하나님은 말씀하셨습니다.

"무릇 너희가 여호와께 드리는 소제물에는 모두 누룩을 넣지 말지니 너희가 누룩이나 꿀을 여호와께 화제로 드려 사르지 못할지니라."

꿀이 소제물에 첨가될 수 없었던 이유는 누룩과 마찬가지로 꿀은 음식을 발효시키는 작용을 하기 때문입니다. 그러나 하나님께서 소제물에 꿀을 섞지 못하게 하신 영적인 이유는 예수님의 본성에 달콤함이 있기 때문에 다시 단것을 첨가할 필요가 없었기 때문입니다. 예수님의 달콤한 성품은 인간의 모습이 아니라 하나님의 은혜로우신 모습이라는 것을 상징하는 것입니다.

소금을 치라

마지막으로 하나님은 모든 소제물에 소금을 칠 것을 명령하셨습니다.

"네 모든 소제물에 소금을 치라 네 하나님의 언약의 소금을 네 소제에 빼지 못할지니 네 모든 예물에 소금을 드릴지니라"(레 2:13).

소금은 음식이 상하지 않도록 하고 맛을 내줍니다. 바로 진리의 효과가 나타나는 것입니다. 더욱이 하나님은 소금을 가리켜 말씀하실 때에 그냥 '소금'이라고 하지 않으시고 '네 하나님의 언약의 소금'이라며 소금이 이스라엘 백성과 하나님 사이의 언약의 관계를 상징한다는 것을 말씀하셨습니다. 즉 **소금은 진리와 하나님의 언약을 상징합니다.**

소금은 당시 팔레스타인 지방에서는 불로 파괴될 수 없는 것으로 여겨졌습니다. 따라서 소금을 불로 태우더라도 변함없이 영원할 하나님의 언약을 상징했습니다. 하나님의 진리는 변치 않는 것이기 때문입니다.

우리가 예수님을 믿지 않았더라면 이런 인생의 맛을 모르는 사람이 되었을 것입니다. 예수님을 알고 믿는 사람이 되었기 때문에 다른 것을 통해서는 맛볼 수 없는 참 신앙의 맛을 알게 된 것입니다.

이 신앙의 맛은 다른 어떤 것도 대신할 수 없는 것입니다.

화목제 : 행복의 제사

레위기 3장은 계속해서 화목제에 대해 말씀하고 있습니다. 화목제

(和睦祭:Peace Offering)는 하나님과 사람 사이, 사람과 사람 사이의 **화목과 평화를 위한 제물**입니다. 히브리어로는 '제바흐 쉘렘'이라고 하는데 NIV성경에서는 이 말을 친교제(Fellowship Offering)로 번역하기도 하였습니다. 제물을 드리는 목적이 하나님과 제사를 드리는 사람 사이의 좋은 친교에 있었기 때문입니다.

그러나 전통적으로는 화목제로 번역을 하고 한글개역성경도 이것을 따르고 있습니다. 화목이라는 히브리어 단어에는 건강과 부, 하나님과의 평화라는 의미가 내포되어 있기 때문입니다.

화목제의 특성

화목제는 선택적인 제사였습니다. 화목제는 언약을 맺을 때나 언약을 갱신할 때, 그리고 성별할 때 등에 드려졌습니다. 그러나 화목제는 크게 세 부류로 드려졌습니다.

첫번째는 **감사의 예물**입니다. 기도에 대한 응답이나 하나님의 구원과 축복에 대한 감사로 드려졌습니다.

뚜번째는 **서원의 예물**입니다. 하나님 앞에 서원을 할 때나 나실인의 성별해제와 같은 서원이 끝날 때 드려졌습니다.

세번째는 **자원의 예물**입니다. 예상치 못했던 하나님의 축복에 대한 감사와 헌신의 표시로 드려졌습니다.

화목제의 특성은 화목제를 드린 예배자와 그 가족들이 하나님 앞에서 같이 먹는 공동식사에 있습니다. 번제는 오로지 하나님만이 그 제물을 취하시고, 소제는 하나님이 대표로 그 일부를 받으시고 제사장이 나머지를 취한 것과 달리 화목제는 가족들이 모두 모여 그 제물을 함께 나누어 먹었습니다. 이런 까닭에 이 제물의 이름이 '화목제' 요

또 '친교제'이기도 한 것입니다.

화목제이신 그리스도

이 화목제는 그리스도께서 십자가에 못박혀 돌아가신 그 대속 이후로 하나님과 그의 자녀들간에, 그리고 신자들간에 갖는 화평의 교제를 상징합니다. 이것이 그리스도께서 그의 십자가 피로 이루신 화평입니다.

이 화평에 대해 신약에서는 이렇게 이야기합니다.

첫째/ 예수께서 평화를 이루셨습니다(골 1:20).

골로새서 1장 20절에 보면 예수님께서 평화를 이루셨다는 말씀이 나옵니다. 예수님께서 이루신 이 평화는 제물이 흘린 피로 이룬 평화가 아니라 하나님의 아들이 흘린 피로 이룬 평화요, 일시적인 평화가 아니라 영원한 평화입니다. 하나님은 화목한 것을 기뻐하십니다.

> "그의 십자가의 피로 화평을 이루사 만물 곧 땅에 있는 것들이나 하늘에 있는 것들을 그로 말미암아 자기와 화목케 되기를 기뻐하심이라."

둘째/ 예수께서 평화를 선포하셨습니다(엡 2:17).

에베소서 2장 17절에 보면 예수님께서는 이 땅에 평화를 이루셨을 뿐 아니라 평화를 선포하셨습니다. 예수님께서 이루시고 또한 선포하신 이 평화가 바로 화목제를 가리키는 히브리어 '제바흐 쉘렘'에 나오는 바로 그 '샬롬'입니다.

"또 오셔서 먼 데 있는 너희에게 평안을 전하고 가까운 데 있는 자들에게 평안을 전하셨으니."

셋째/ 예수께서는 우리의 화평제물이십니다(엡 2:14).

예수님은 화평을 이루신 분이요, 선포하신 분이며, 동시에 그 자신이 막힌 담을 제거하신 바로 화평입니다. 여기에 대해 에베소서 2장 14절과 로마서 5장 1절은 이렇게 말씀하고 있습니다.

"그는 우리의 화평이신지라 둘로 하나를 만드사 중간에 막힌 담을 허시고"(엡 2:14).
"그러므로 우리가 믿음으로 의롭다 하심을 얻었은즉 우리 주 예수 그리스도로 말미암아 하나님으로 더불어 화평을 누리자"(롬 5:1).

화목제의 의미

그런데 레위기 3장 3-4절 사이를 보면 화목제로 드리는 부위에 대한 설명이 나옵니다.

화목제는 신장 두 개와 간 위에 있는 모든 지방질을 바치는데 이 부위는 유대인의 특수 기호음식입니다. 아마 우리 나라에서라면 사람들이 즐겨 먹는 꼬리곰탕이나 족발 정도가 될지도 모릅니다.

"그는 또 그 화목제의 희생중에서 여호와께 화제를 드릴치니 곧 내장에 덮인 기름과 내장에 붙은 모든 기름과 두 콩팥과 그

위의 기름 곧 허리 근방에 있는 것과 간에 덮인 꺼풀을 콩팥과
함께 취할 것이요"(레 3:3-4).

각 민족들마다 고유한 음식으로 좋아하는 것들이 있습니다. 유대인
들에게는 그 부위가 바로 신장과 간 위에 있는 지방이었습니다. 그 부
위는 나누어 먹거나 누구에게도 주고 싶지 않고 자신만이 먹고 싶은
부위였습니다. 내 놓고 싶지 않은 부분입니다.

그런데 하나님께서는 그것을 평화를 위한 화목제로 바치라고 했던
것입니다.

사람마다 다 이런 부분이 있을 것입니다. 저도 그런 것이 있었습니
다. 저는 고등학교 때부터 교수가 되고자 원했습니다. 그러나 하나님
께서는 교회에서 목회하기를 원하셨습니다.

그래서 처음 신학을 공부할 때 저는 신학교에서 교수할 생각만을
했습니다. 하나님께도 목회가 아니라 신학교에서 가르치기 위해서 공
부하는 것이라고 말씀드렸습니다. 목회를 원해 본 적이 없었습니다.

그런데 뜻밖에도 신학교를 졸업하던 그 날 미국 장로님 한 분이 교
회 대표 다섯 명과 함께 졸업식장에 찾아와 간청을 했고 피할 길 없이
미국교회의 목회를 하게 되었습니다. 처음에는 제가 원치 않던 일을
하니까 많은 고민을 했습니다. 특별히 좋아해서 먹고 싶은 부분을 도
저히 포기하고 싶지 않았던 것입니다.

원하지 않는 것을 하라고 하고, 가고 싶지 않은 곳에 가라고 하면
순종하기가 무척 힘이 듭니다. 그러나 그런 때에 순종하지 않으면 마
음에 평화가 깨어집니다. **순종이 없는 곳에 평화도 없습니다. 그 때 순종**

하면 하나님의 축복이 나타납니다.

그래서 결국은 하나님께 순종하는 마음으로 그 교회의 목회를 하기로 하면서 두 가지의 조건을 제시했습니다. 하나는 평일에는 신학교에 나가서 계속 대학원 공부를 하는 것이었고, 두번째는 일 년 후 석사과정이 끝나는 대로 공부를 더 계속하기 위해서 다른 주로 떠난다는 것입니다.

이상하게도 그 두 가지 조건이 모두 다 받아들여져서 피할 길 없는 하나님의 뜻으로 알고 그 곳에서 목회를 하게 되었습니다. 서로가 조금씩 자신이 좋아하는 것을 상대방을 위해서 내 놓아야 합니다. 그래야 비로소 화목이 이루어지는 것입니다. 이것이 화목제의 의미입니다.

제가 한국에 올 때에도 그것은 제가 계획하거나 의도한 것이 아니었습니다. 저는 오고 싶은 마음이 없었습니다. 그런데 "한국과 미국 두 나라 중 어느 나라를 선택해야 할 것인지를 하나님께서 저에게 분명히 보여 주옵소서" 라고 수없이 기도했는데, 영국 에딘버러에서 어느 날 밤중에 'KOREA' 라는 영문이 처음에는 작게 보이다가 점점 커져서 내 앞에 버티고 서는 것을 보았습니다. 그래서 그 다음날로 안식년도 마다하고 한국으로 오게 되었습니다.

처음에 귀국 제의를 받고 2년 2개월 동안은 마음에 평화가 없었습니다. 내가 좋아하던 미국의 삶을 내놓지 않으려고 하다보니 평화로운 마음을 잃게 된 것이었습니다. 오랜 갈등 속에서 목소리가 나오지 않아서 찬송을 부르지 못할 정도였습니다. 기도도 제대로 나오지 않고 자꾸 체중이 줄면서 말라갔습니다. 눈도 침침해졌습니다. 제 피부는 바늘로 찌르듯 아팠고 정신적 집중력도 몹시 떨어졌습니다. 안식년을 맞이하여 영국에 머무르면서 성찬식을 하는데 처음으로 깊은 감동과 함께 눈물이 났습니다. 그리고나서는 본격적으로 기도한 결과로 한국으로 나오기로 했던 것입니다.

저의 귀국 결정에 아무도 동의하는 사람이 없었습니다. 아내는 물론이고 아이들이나 교회나 학교나 친지들이나 어느 곳에서도 제 결정을 이해하는 사람이 없었습니다. 그런데 저는 그 때부터 기도도 할 수 있게 되고, 찬송도 할 수 있게 되고 마음에 평화도 찾게 되었습니다.

내 놓고 싶지 않은 신장 부분과 그 위의 지방 부분을 하나님 앞에 내놓지 않으면 하나님의 평화를 얻을 수가 없습니다. 그것까지 내놓아야 하나님으로부터 오는 평화를 얻을 수 있는 것입니다.

자신이 원하는 것을 간구하면서도 "그러나 내 뜻대로 마시고 아버지의 뜻대로 하옵소서"라는 '그러나의 신앙'이 내 것이 되어야만 하나님의 평화를 누리는 사람이 될 수 있습니다. 하나님께서 원하시면 아무리 자기가 좋아하는 것이라도 내 놓아야 하나님과 화목하게 될 수 있기 때문입니다.

그런데 이러한 화목제물을 한 번 드렸다고 해서 그것으로 끝나는 것이 아닙니다. 남에게 주고 싶지 않은 신장과 지방 같은 부분은 얼마든지 다시 생겨납니다. 그 때마다 하나님의 평화를 위해서 기꺼이 화목제로 하나님께 드릴 수 있어야만 하나님의 사람으로서 참 평화를 누리는 삶을 살 수 있습니다.

우리는 매일 내가 지금 하나님께 내 놓아야 할 부분은 어떤 것인가를 생각하고 살펴보아야 합니다. 그래서 다시 혼자 끌어안고 있는 것이 생겼으면 한시라도 지체하지 말고 그 자리에서 하나님께 드리는 사람이 되어야 합니다.

실제로 그것을 드리고 하나님과 화목한 사람이 되는 것이 움켜쥐고서 고민하고 불안한 마음으로 사는 것보다 자기 자신에게 훨씬 유익하기 때문입니다.

제 3 장

각종 예물을 바치라

"…내가 이스라엘 자손의 화목제 중에서 그 흔든 가슴과 든 뒷다리를 취하여 제사장 아론과 그 자손에게 주었나니 이는 이스라엘 자손에게 받을 영원한 소득이니라 이는 여호와의 화제 중에서 아론에게 돌릴 것과 그 자손에게 돌릴 것이니 그들을 세워 여호와의 제사장의 직분을 행하게 한 날 곧 그들에게 기름 부은 날에 여호와께서 명하사 이스라엘 자손 중에서 그들에게 돌리게 하신 것이라 대대로 영원히 받을 소득이니라 이는 번제와 소제와 속죄제와 속건제와 위임제와 화목제의 규례라 여호와께서 시내 광야에서 이스라엘 자손에게 그 예물을 여호와께 드리라 명하신 날에 시내 산에서 이같이 모세에게 명하셨더라."(레 4:1-7:38).

각종 예물을 바치라

속죄제

레위기 4장은 속죄제에 관한 것입니다. 속죄제(贖罪祭:Sin Offering)는 히브리어로 '하타트'인데, 인간의 죄성으로 인하여 바치는 제물을 말합니다.

'죄'를 말할 때, 우리 말로는 그냥 '죄'라고 되어 있지만 영어만 해도 죄(Sin)라는 단어를 복수로 쓸 때와 단수로 쓸 때의 의미는 서로 다릅니다. 단수일 때는 인간의 가슴 속에 있는 죄의 성품을 말하는 것이고, 복수로 쓰일 때는 죄성으로부터 나오는 여러 가지 악한 행실을 말하는 것으로 구분됩니다.

죄는 그 형태가 겉으로 나타나는 잘못된 행동도 있고 탐심이나 분노, 미움처럼 직접적으로 드러나지는 않지만 마음 가운데에 도사리고 있는 상태들도 있습니다. 그리고 선을 알면서도, 하지 않은 것도 죄가 될 수 있습니다.

그래서 이러한 죄들을 일으키는 죄성을 위해서 제물을 바치게 되어 있었습니다. 예수님을 믿는 사람들도 죄성을 완전히 벗어날 수 없기 때문에 항상 기도하고 회개해야 합니다. 사람의 마음 속에는 하나님의 아름다운 성품이 있기는 하지만 그것을 덮는 악한 죄성이 공존하고 있기 때문에 속죄제를 드려야 하는 것입니다.

예수님께서 제자들의 발을 씻기는 세족식을 할 때에, 베드로는 예수님에게 목욕까지 시켜달라고 요구했지만 예수님께서는 이미 예수님을 믿어 목욕을 한 사람은 발만 씻으면 된다고 말씀하셨습니다.

그것은 하나님께서 법적으로는 우리가 지은 죄를 완전히 사하셨다고 선언을 하셨지만, 현실적으로는 우리에게 남아있는 죄성를 항상 씻어서 깨끗함을 받아야 한다는 의미입니다. 인간에게 있는 근본적인 죄성 때문에 예수님을 믿는다고 죄를 짓지 않을 수는 없습니다.

어거스틴이 말한 인간의 네 가지 성품

성 어거스틴은 인간의 근본적인 네 가지 성품에 대해 말했습니다.

첫번째의 성품은 창조 직후 아담과 이브의 성품입니다.

하나님이 창조하신 아담과 이브는 죄성이 없었습니다. 그렇지만 그들도 범죄할 수 있는 사람이었습니다. 그리고 결국 그들은 하나님 앞에 범죄하고 말았습니다.

두번째의 성품은 아담과 이브가 타락한 후의 성품입니다.

타락 이후의 인간은 죄성 때문에 죄를 범하지 않을 수 없는 상태가 되었습니다. 그리스도가 주시는 영적인 생명이 없기 때문에 죄 가운데 가장 큰 죄인 하나님이 없는 삶을 사는 것입니다. 그것은 양으로 말한다면 무한대이기 때문에 인간이 그이상 더 큰 죄를 범할 수 없습니다. 그래서 불신자의 선이 아무리 커도 무한대의 죄를 제거할 수 없는 것입니다.

세번째의 성품은 예수 그리스도의 구속으로 구원받아 하나님의 성품을 받은 상태입니다.

타락한 인간의 성품 속에 예수 그리스도가 들어오면, 그 분은 무한대의 선이기 때문에 다른 모든 허다한 죄를 덮습니다. 그리고 성령께서 내 안에 들어와 계시기 때문에 이제는 범죄하지 않을 수 있는 능력이 생기게 됩니다. 값없이 그리스도의 죽음으로 대가를 지불한 것입니다. 그래서 법적으로는 아무 죄 없다는 판결을 받은 것입니다.

이렇게 되면 완전히 범죄하지 않을 수는 없지만 범죄하는 횟수는 점점 줄어들게 됩니다. 죄를 이겨 낼 수 있게 됩니다. 늘 하나님을 생각하면서 생활에서 신앙을 실천하면서 살기 때문에 생기는 당연한 현상입니다. 성령과 함께 생활하는 사람은 죄에 대해 민감해지기 때문에 당연히 죄를 가슴에 품고는 견딜 수 없게 되는 것입니다.

마지막의 성품은 영화롭게 변화된 성품입니다.

마지막에는 완전히 성화되어서 영화롭게 되는 때가 오게 됩니다. 주님께서 재림하시는 그 날에 우리는 순식간에 영화로움을 입게 됩니다. 그래서 그 때는 죄를 범할 수가 없게 되는 것입니다. 죄성이 없어졌기 때문입니다.

속죄제의 의미

첫째/ 속죄제라고 하는 것은 이런 우리의 죄성을 인정하면서 죄성을 씻기 위해서 바치는 것입니다.

그래야만 우리가 점차적으로 깨끗함을 입을 수 있게 됩니다. 죄성에서부터 악한 생각이 나오고, 악한 말이 나오고, 악한 행동이 나타나는 것입니다.

죄는 주님의 말씀을 통해서 또 회개함으로 지속적으로 씻어내야 합니다. 그리스도의 피로 나의 죄를 정결케 하여 달라는 기도가 늘 필요합니다. 이러한 죄성을 가진 인간을 고백하며 속죄 하는 것이 속죄제입니나.

"누구든지 여호와의 금령 중 하나라도 그릇 범하였으되 만일 기름 부음을 받은 제사장이 범죄하여 백성으로 죄얼을 입게 하였으면 그 범한 죄를 인하여 흠 없는 수송아지로 속죄 제물을 삼아 여호와께 드릴지니"(레 4:2-3).

인간의 죄성을 인정한다면 사람이 범하는 죄에 대해 이해할 수 있고 용서가 가능해집니다. 나무는 그 뿌리에 따라서 각기 다른 열매를 맺습니다. 사과나무는 사과를 맺습니다. 배나무는 배를 맺습니다. 죄나무는 죄를 맺습니다. 인간은 잘못을 저지릅니다. 그래서 그 나무가 무슨 나무인가를 살피고 그 다음에 어떤 열매를 맺으며 어떻게 처리할 것인가를 생각하지 않으면 안되는 것입니다.

그러면 잘못을 저지른 인간을 불쌍히 여기고 그 사람에게 돌을 던지기보다는 그 사람을 위해서 눈물을 흘리면서 기도할 수 있게 됩니다. 무엇이든지 근본적인 원인을 찾아서 처리하지 않으면 완전히 그 뿌리를 제거할 수 없게 되는 것입니다.

둘째/ 속죄제는 알고 지은 죄, 모르고 지은 죄에 대한 제물입니다.

이스라엘 백성들은 알고 지은 죄, 모르고 지은 죄에 대한 제물을 바쳐야 했습니다.

> "만일 이스라엘 온 회중이 여호와의 금령 중 하나라도 그릇 범하여 허물이 있으나 스스로 깨닫지 못하다가 그 범한 죄를 깨달으면 회중은 수송아지를 속죄제로 드릴지니"(레 4:13-14).

사람은 자신이 의도하지 않았지만 죄를 짓게 되는 경우가 종종 있습니다. 별 생각없이 대답을 하고 나서 보니 잘못 되었다는 것을 알았다든가 하는 것이 그런 경우입니다. 그 때는 잘못인 줄 몰랐으나 후에 깨닫게도 됩니다.

그리고 선의로 거짓말을 하게 되는 경우도 있을 것입니다. 우리의 불완전함 때문에 어쩔 수 없이 짓게 되는 죄도 있습니다. 완벽한 인간은 없기 때문에 그런 죄를 피할 수 있는 사람은 거의 없습니다.

'죄'를 가리키는 히브리어 '하타'의 본래 의미는 '과녁을 빗나가다'는 뜻입니다. 겨냥해서 쏘았으나 맞지 않았다는 뜻입니다. 죄로 인해 휘어진 총대 같은 인간의 본성 때문에 아무리 목표를 겨냥해서 총을 잘 쏘아도 안되는 것입니다. 구부러진 성품은 우리가 태어날 때부터 가지고 있는 것이기 때문에 어쩔 수가 없는 것입니다. 이런 죄를 짓게 될 때에 드려야 하는 것이 바로 속죄제입니다. 예수님은 부지중에 범한 우리의 죄를 대신해서 대가를 지불하시고 우리를 용서하셨습니다.

셋째/ 속죄제는 제사장, 온 회중, 족장, 평민 등 누구나 다 드리는 제물입니다.

이 속죄제가 면제되는 사람은 한 사람도 없었습니다. 일반 백성들은 물론이고 제사장이나 지도자들도 피해갈 수 없는 것이 바로 속죄제였습니다. 제사장도 사람이었기 때문에 그도 죄성을 가지고 있습니다. 태어날 때부터 누구나 죄성을 가지고 있고 하나님 앞에서 범죄하지 않은 사람은 없으므로 제사장들도 속죄제를 반드시 드려야 했습니다.

다만 제사장의 위치에 있는 사람은 하나님과 가까이 있는 사람이라서 자신을 통제하고 절제하기 때문에 죄를 짓는 횟수가 좀 덜하고 그 정도가 좀 덜할 뿐입니다. 죄에 관해서 민감한 사람일수록 범죄하는 횟수가 줄어들게 되는 것입니다.

속죄제는 제사장을 위한 속죄제(레 4:3-12), 온 회중을 위한 속죄제(레 4:13-21), 백성의 지도자들을 위한 속죄제(레 4:22-26), 일반 백성을 위한 속죄제(레 4:27-35)가 있었습니다. 이들이 각각 속죄제로 드리는 제물은 달랐지만 그 방법이나 뜻은 같았습니다.

이 밖에도 레위기 5장에서는 속죄제가 필요한 세 가지의 범죄에 대해 말씀하고 있습니다.

첫번째는 증인이 사실을 알면서도 증언하지 않는 죄입니다.

"누구든지 증인이 되어 맹세시키는 소리를 듣고도 그 본 일이나 아는 일을 진술치 아니하면 죄가 있나니 그 허물이 그에게로 돌아갈 것이요"(레 5:1).

두번째는 의식적으로든 무의식적으로든 부정한 것에 접촉한 죄입니다.

"누구든지 부정한 들짐승의 사체나 부정한 가축의 사체나 부정한 곤충의 사체들 무릇 부정한 것을 만졌으면 부지중에라 할지라도 그 몸이 더러워져서 허물이 있을 것이요 혹시 부지중에 사람의 부정에 다닥쳤는데 그 사람의 부정이 어떠한 부정이든지 그것을 깨달을 때에는 허물이 있을 것이요"(레 5:2-3).

알았던지 몰랐던지 죄는 죄라는 것입니다. 죄는 언제나 죄입니다. 인간은 어쩔 수 없이 죄인입니다. 대속자가 필요합니다. 그 분이 예수님입니다.

세번째는 무의식 중에 선이나 악을 행하리라고 맹세한 죄입니다.

"혹 누구든지 무심중에 입으로 맹세를 발하여 악을 하리라 하든지 선을 하리라 하면 그 사람의 무심중에 맹세를 발하여 말한 것이 어떠한 일이든지 깨닫지 못하다가 그것을 깨달을 때에는 그 중 하나에 허물이 있을 것이니"(레 5:4).

이와 같은 경우에도 그 사람은 죄를 자복하고 힘이 닿는 대로 어린 양이나 염소로 속죄제를 드려야 했습니다. 그러나 가난하여 양이나 염소를 마련하지 못하는 사람은 비둘기 두 마리나 고운 가루 에바 십분의 일을 속죄제로 바치는 것도 허용되었습니다. 부하든지 가난하든지 상관없습니다. 죄는 용서될 수 있습니다.

속죄제는 고의적인 죄가 아닌 죄에 대한 속죄와 용서를 위한 제물입니다. 속죄제에는 어떤 배상의 책임도 포함되지 않았는데 이것이 속건제와 구별되는 점입니다. 하나님은 속죄제로 드려진 제물을 받으시고 죄에 대한 심판을 그 속죄제에게로 돌리셨습니다.

이 **속죄제는 궁극적으로 그리스도를 상징합니다.** 속죄제에는 죄의 용서를 위한 대리적인 희생으로서의 그리스도의 죽음이 강조되고 있습니다.

여기에 대해 고린도후서 5장 21절에서는 이렇게 말씀하고 있습니다.

> "하나님이 죄를 알지도 못하신 자로 우리를 대신하여 죄를 삼으신 것은 우리로 하여금 저의 안에서 하나님의 의가 되게 하려 하심이니라."

속건제

5장 14절에서 7장 사이에는 속건제에 대한 이야기가 있습니다. 속건제(Trespass Offering)은 면죄제라고도 합니다. 속건제는 고의적이든지 비고의적이든지 하나님께나 사람에게 상해나 손실을 입혔을 때 드리는 제사입니다. 속건(Tress pass)이라는 뜻은 들어가지 않아야 할 금지된 곳에 들어갔다는 것입니다.

속죄제와 속건제는 비슷한 점이 많지만 차이점도 많습니다.

첫째는 제물이 다릅니다. 속죄제는 소, 염소, 양, 비둘기, 고운 가루 등으로 드릴 수 있었지만 속건제는 오직 흠없는 수양만 드릴 수 있었습니다.

둘째, 속죄제에는 집단적인 제사가 있었지만 속건제에는 개인적인 제사만 있었습니다.

셋째로, 속죄제는 다른 사람에게 보상하는 것이 없지만 속건제에는 제사장에게나 다른 사람에게 피해를 보상하는 것이 포함되었습니다.

그러면 지금부터 속건제는 어떤 때에 드려졌으며, 거기에는 어떤 규정이 있었는지 살펴보기로 합시다.

첫째/ 성물에 대하여 실수로 저질러진 범과를 위해 속건제가 드려졌습니다.

"누구든지 여호와의 성물에 대하여 그릇 범과하였거든 여호와께 속건제를 드리되 너의 지정한 가치를 따라 성소의 세겔로 몇 세 겔 은에 상당한 흠 없는 수양을 떼 중에서 끌어다가 속건제로 드려서 성물에 대한 범과를 갚되 그것에 오분 일을 더하여 제사장에게 줄 것이요 제사장은 그 속건제의 수양으로 그를 위하여 속한즉 그가 사함을 얻으리라" (레 5:15-16).

성물이란 하나님께 드려진 것을 의미합니다. 예를 들어 십일조는 하나님께 속한 것인데 내가 써버렸다면 속건제가 필요합니다. 이런 죄도 용서받을 수 있습니다. 예수님이 십자가에서 돌아가셨기 때문입니다.

속건제로 드리는 제물은 항상 수양이어야 했습니다. 그리고 하나님에 대한 죄과가 있는 경우에는 하나님을 대리하는 제사장에게 5분의 1에 해당하는 벌금을 물어야 했습니다.

이외에도 계속해서 레위기 5장 17-19절 말씀을 살펴보면 여호와의 금령 중의 하나를 부지중에 범하여도 그 죄 때문에 속건제를 드려야 했습니다.

둘째/ 고의적으로 범죄한 죄를 대속하기 위해서도 한 마리의 수양과 그에 상당하는 대가의 헌금을 바쳐야 했습니다.

또한 악을 행하려고 서약한 죄나 부정한 짐승과 접촉했거나 사람의 부정한 것과 접촉을 했을 때에도 그 사람은 속건제를 드려야 했습니다. 악을 행하려고 다른 사람하고 약속한 것은 범죄를 아직 행하지 않았다 하더라도 이미 죄로 인정되는 것입니다. 그래서 이미 한 약속이 악하다는 것을 알았다면 그 즉시로 가서 속건죄를 드려야 하는 것입니다.

그리고 사람이나 짐승의 깨끗하지 않은 것과 접촉을 했을 때도 속건제를 드려야 했습니다. 이것은 좋지 않은 다른 것들과 접촉했을 때에도 해당되는 것입니다. 요즘으로 말하면, 어떤 책을 모르고 보았는데 그것이 아주 음란한 것이었다고 한다면 그런 때에도 속건제를 바쳐야 했습니다. 나를 오염시켰기 때문입니다. 오염된 것은 거룩하신 하나님께 접근할 수 없습니다. 용서와 정결함이 필요합니다. 속건제물이신 예수그리스도의 희생이 이와같은 우리의 문제를 해결하셨습니다.

셋째/ 약속을 불이행했을 때도 속건제를 바쳐야 했습니다.

누구와 약속을 했는데 그것을 지키지 않았으면 그것도 속건제를 드려야 했습니다. 그것은 죄이기 때문입니다. 약속은 신뢰를 기반으로 하는데 신뢰를 저버린 죄입니다. 한 번 한 약속은 꼭 지켜야 하고 지키지 못했을 때에는 제물을 드려서 사함을 받아야 할 만큼 그렇게 소중한 것입니다.

두 사람이 약속을 하면서 한 이야기는 하나님께서 들으셨습니다. 아론과 미리암 두 사람은 소근거리면서 모세의 흉을 이야기했습니다. 그런데 그것을 하나님께서 들으시고 미리암에게 벌을 내리셨습니다.

그래서 약속은 함부로 해서도 안되는 것이고, 한 번 한 약속은 반드시 지켜야 하는 것입니다. 그러나 악한 약속을 했을 때는 그 약속을 지킬 필요가 없습니다. 오히려 악하다는 것을 알았을 때에는 지키지 않는 것이 현명한 일입니다.

사사 입다의 경우는 경망스러운 약속을 했다가 큰 변을 당한 사람입니다. 누가 그런 약속을 하라고 하지도 않았는데 자기가 전쟁에 이기면 집에 도착해서 가장 먼저 자신을 마중하는 것을 하나님께 바치겠다는 약속을 했습니다.

그런데 자신이 이기고 돌아왔을 때 가장 먼저 자신을 반긴 것은 바로 자신의 가장 사랑하는 외동딸이었습니다. 그때서야 입다가 가슴을 쳤지만 이미 돌이키기에는 늦었다고 생각했습니다. 하나님은 불필요한 서원을 하라고 하지 않았습니다. 자기가 혼자 괜한 약속을 함으로써 자승자박한 것입니다.

누구와 약속을 할 때에는 신중하게 해야 합니다. 그리고 불필요한 약속은 하지 않아야 신중한 사람이 될 수 있습니다.

저는 다른 사람은 몰라도 제 아내에게는 숨기는 것이 없습니다. 그래서 누군가가 아무에게도 말하지 않겠다는 약속을 하라고 하면 그렇게는 약속을 할 수가 없습니다. 남편과 아내는 합하여 하나가 되어야 하는 사람인데 어떻게 부부 사이에 숨기는 것이 있을 수 있겠습니까?

그래서 저는 "제 아내에게만은 숨길 수 없다"고 이야기를 합니다. 그리고 웬만해서는 꼭 그렇게 하겠다는 약속을 하지 않습니다. 그저 "노력해 봅시다" 또는 "최선을 다하겠습니다"로 끝나는 정도만 말을 합니다.

그래야 약속을 어기지 않게 되는 것입니다. 약속을 지킨다고 하는 것은 이렇게 철저해야 하는 것입니다. 자기 양심의 가책과 염려를 덜기 위해서도 가급적이면 절대적인 약속은 하지 않는 것이 좋습니다. 약속이란 것은 쉬운 일이 아닙니다. 우리는 인간이어서 이행할 수 없을 때가 자주 있습니다. 또 유한한 존재이기 때문에 지키고 싶어도 불가능할 수도 있습니다.

흔히 보면, 부흥회나 어떤 특별한 집회를 하게 되면 그 당시에 흥분된 상태에서 지키지 못할 약속을 하게 되는 경우가 있는데 이것도 잘못된 것입니다. "오늘부터 꼭 하루 한 시간씩 기도하고 성경 보고 하겠다"는 약속에서부터 감당할 수도 없는 헌금을 하겠다는 약속에 이르기까지 얼마나 다양한 약속을 하게 되는지 모릅니다.

그런데 그런 상태에서 한 약속은 그 기간이 지나면 금방 후회하는 약속이 되곤 합니다. 이것은 그 사람으로 하여금 하나님 앞에 거짓말하는 사람들을 양산하는 결과를 낳습니다.

그저 최선을 다해서 노력하는 사람이 되는 정도에서 그치는 것이 제일 좋습니다. 그러므로 마음의 부담을 줄이면서 서서히 규칙적인 생활로 굳어질 수 있도록 유도하는 것이 중요합니다. 우리가 지키지 못한 수많은 약속으로 인해 잘못된 것들도 주님은 십자가 위에서 다 용서해 주셨습니다.

넷째/ 폭력으로 취한 것이 있을 때는 원금과 함께 원금의 5분의 1을 추가로 보상하고 속건제를 드려야 했습니다.

마지막으로, 폭력으로 취한 것이 있을 때에는 그것에 상당하는 액수의 가치에다가 5분의 1의 돈을 더 추가해서 갚아야 했습니다.

> "누구든지 여호와께 신실치 못하여 범죄하되 곧 남의 물건을 맡거나 전당 잡거나 강도질하거나 늑봉하고도 사실을 부인하거나 남의 잃은 물건을 얻고도 사실을 부인하여 거짓 맹세하는 등 사람이 이 모든 일 중에 하나라도 행하여 범죄하면 이는 죄를 범하였고 죄가 있는 자니 그 빼앗은 것이나 늑봉한 것이나 맡은 것이나 얻은 유실물이나 무릇 그 거짓 맹세한 물건을 돌려 보내되 곧 그 본물에 오분 일을 더하여 돌려 보낼 것이니 그 죄가 드러나는 날에 그 임자에게 줄 것이요 그는 또 그 속건제

를 여호와께 가져 올지니 곧 너의 지정한 가치대로 떼 중 흠 없는 수양을 속건 제물을 위하여 제사장에게로 끌어 올 것이요 제사장은 여호와 앞에서 그를 위하여 속죄한즉 그는 무슨 허물이든지 사함을 얻으리라"(레 6:2-7).

5분의 1을 더하는 것은 그 사람이 겪었을 정신적인 고통에 대한 피해 보상을 해 주는 것입니다. 아주 합리적인 보상이라고 할 수 있습니다.

만일 자농차 사고가 났다면 차를 고쳐주는 것은 물론이고 그것을 고치는 동안 입어야 하는 피해에 대한 보상까지 해 주어야 하는 것입니다. 그래서 그동안 차를 빌려서 쓸 수 있도록 비용을 내야 하고, 마음으로 고생한 것까지 돈으로 지불하라는 것입니다. 지금 생각을 해도 아주 과학적이고 합리적인 제도라고 할 수 있습니다.

하나님이 정하신 법은 이렇게 모든 것을 생각하는 가운데 만들어진 것입니다. 그래서 꼭 정한 대로 지키며 살아야 의로운 삶을 살 수 있습니다. "눈에는 눈으로, 귀에는 귀"로 대응하는 법에서 한 걸음 더 나아간 법이라고 할 수 있습니다. 인간의 생활을 위해서 세심하게 마음을 쓰면서 만들어 놓으신 법의 원리입니다.

속건제는 하나님이든지 사람이든지 해를 당한 쪽에 배상금과 벌금을 지불한다는 데 특징이 있습니다. 그러나 이 경우에도 속건제로 드리는 수양은 피해에 대한 보상이 아니라 하나님 앞에 지은 죄에 대한 속죄의 역할을 하는 것입니다.

속건제는 죄에 의해 손상을 입은 하나님과 사람과의 관계, 그리고 사람과 사람 사이의 관계를 회복시켜주는 그리스도의 죽음을 상징합니다.

제물에 대한 규정

계속해서 레위기 6장과 7장은 제물과 제사에 대한 규정을 말씀하고 있습니다.

6장 8-13절은 번제를 위한 제사장의 규례에 대해서, 14-23절은 소제를 위한 제사장의 규례에 대해서, 24-30절은 속죄제를 위한 제사장의 규례에 대해서 말씀하고 있습니다.

7장 1-6절은 속건제를 위한 제사장의 규례에 대해서, 7-10절은 죄속함과 봉헌제물에 대해서, 11-21절은 화목제를 위한 제사장의 규례에 대해서, 22-36절은 제사장의 분깃과 금지된 분깃에 대해서, 마지막으로 37-38절은 희생제사에 대한 결론을 말씀하고 있습니다.

여기에 대해 하나하나 자세히 살펴보는 것은 생략하고, 간략하게 희생제사와 관련된 핵심적인 내용을 살펴보는 것으로 희생제사에 대한 것을 마무리짓고자 합니다.

지금까지 살펴본 희생제사와 관련된 말씀은 쉽게 세 가지로 요약할 수 있습니다.

첫째/ 잘못이 있으면 죄를 인정하고 자백하라는 것입니다.
죄를 용서받는 지름길은 그 죄를 인정하고 죄를 자백하는 일입니다. 어떤 사람들은 끝까지 자기의 잘못을 인정하려 하지 않습니다. 이런 사람은 그 죄를 용서받을 수 없습니다. 또 어떤 사람은 죄를 인정하기는 하지만 자백하지 않는 사람도 있습니다. 용서를 구해야 할 사람이나 하나님께 자기의 죄를 자백하지 않습니다. 영혼 깊숙이 죄의식을 안고 일생을 살게 됩니다. 불필요한 일입니다. 하나님은 인간이 양심의 자유 속에 사는 것을 원하십니다.

그러나 성경은 죄를 지었을 때는 그 죄를 인정하고 하나님 앞에 나와 자백하라고 말씀하십니다. 이것이 희생제사를 통해 하나님께서 가르치시고자 하는 첫번째의 것입니다.

둘째/ 죄에 대한 대가를 지불하라는 것입니다.

죄를 자백하는 것은 용서를 구하는 첫걸음이지만 자백하는 것만으로는 부족합니다. 죄를 용서받기 위해서는 그 죄에 상당한 대가를 지불해야 합니다. 레위기에서는 이 대가로 하나님께는 속죄제나 속건제를 드리고, 피해를 입힌 사람에게는 피해액과 함께 5분의 1을 추가로 보상할 것을 말씀하고 있습니다. 죄는 해를 끼칩니다. 끼친 해는 보상해야 합니다. 그것이 정의입니다.

셋째/ 번제는 계속해서 바쳐야 하고 속죄제는 한 번에 바치라는 것입니다.

우리는 날마다 우리 자신을 하나님께 번제로 바쳐야 합니다. 사도 바울은 이것이 우리의 드릴 영적 예배라고 말씀했습니다.

"그러므로 형제들아 내가 하나님의 모든 자비하심으로 너희를 권하노니 너희 몸을 하나님이 기뻐하시는 거룩한 산 제사로 드리라 이는 너희의 드릴 영적 예배니라"(롬 12:1).

그러나 우리의 속죄제는 한 번으로 충분합니다. 구약 시대의 이스라엘 백성들은 매년 정기적인 절기마다 드려야 했지만, 오늘날의 우리는 예수 그리스도께서 죄 없고 흠 없는 어린 양으로서 그 자신을 영원한 속죄제로 드렸기 때문에 더이상의 짐승과 같은 속죄제를 드릴 필요가 없습니다.

사도 바울은 예수 그리스도가 흘린 피에 대해 "그의 피로 인한 화목제물"(롬 3:25)이라고 말씀하였고, 사도 요한도 예수 그리스도가 "우리의 죄를 위한 화목제물"(요일 2:2)이라고 말씀했습니다. 여기에서 말한 화목제물이 히브리어로는 '힐라스테리온'인데 이 말이 바로 하나님의 진노를 풀어드리는 희생제물이란 뜻입니다. 이 단어는 히브리서 9장 5절에서는 법궤의 윗부분인 '속죄소'를 가리킬 때도 사용되었습니다.

그리고 7장에 보면 제사장들에게 영원한 소득으로 남겨지는 분깃에 대해서 말씀하고 있습니다.

"여호와의 화제는 그 사람이 자기 손으로 가져올지니 곧 그 제물의 기름과 가슴을 가져올 것이요 제사장은 그 가슴을 여호와 앞에 흔들어 요제를 삼고 그 기름은 단 위에 불사를 것이며 가슴은 아론과 그 자손들에게 돌릴 것이며 또 너희는 그 화목제 희생의 우편 뒷다리를 제사장에게 주어 거제를 삼을지니 아론의 자손 중 화목제 희생의 피와 기름을 드리는 자가 그 우편 뒷

다리를 자기의 소득으로 삼을 것이라 내가 이스라엘 자손의 화
목제 중에서 그 흔든 가슴과 든 뒷다리를 취하여 제사장 아론
과 그 자손에게 주었나니 이는 이스라엘 자손에게 받을 영원한
소득이니라"(레 7:30-34).

하나님 앞에서 섬기는 제사장은 하나님께서 정해 놓으신 음식으로
생활을 할 수 있도록 하나님께서 보장해 주셨습니다. 십일조가 시작
된 것은 제사를 관장하는 레위 사람들을 위해서였습니다. 모든 지파
가 다 땅을 차지하고 있었지만 레위 지파 사람들은 땅을 가지지 않고
하나님의 일을 전념하는 대신, 다른 지파에서 십일조를 바친 것을 가
지고 생활을 할 수 있도록 하셨습니다. 그리고 그 레위 사람들도 자신
들이 받은 것에서 십일조를 제사장들에게 바치게 되어 있었습니다.
　여기에 대한 영적 의미는 고린도후서 9장 13, 14절에 나타납니다.

　　"이 직무로 증거를 삼아 너희의 그리스도의 복음을 진실히 믿고
　　복종하는 것과 저희와 모든 사람을 섬기는 너희의 후한 연보를
　　인하여 하나님께 영광을 돌리고 또 저희가 너희를 위하여 간구
　　하며 하나님의 너희에게 주신 지극한 은혜를 인하여 너희를 사
　　모하느라."

　하나님의 일을 하는 사람들은 하나님의 백성들이 생활을 보장하는
것이 마땅합니다. 오늘날의 교회도 목회자의 생활이 안정되어 목회자
는 하나님의 일에만 전념할 수 있도록 해 주어야 합니다.
　그렇게 해야 사도 바울이 고린도후서에서 고백했듯이, 하나님의 일

을 하는 사람들이 성도들의 "후한 연보를 인하여 하나님께 영광을 돌리고, 위해서 간구하며, 지극한 은혜를 인하여 사모"하는 아름다운 일이 이 땅 위에서 계속될 것입니다.

제 4 장

하나님의 방법으로 경배하라

"여호와께서 모세에게 일러 가라사대 너는 아론과 그 아들들과 그 의복과 관유와 속죄제의 수송아지와 수양 둘과 무교병 한 광주리를 이끌고 온 회중을 회막 문에 모으라 모세가 여호와께서 자기에게 명하신 대로 하매 회중이 회막 문에 모인지라 모세가 회중에게 이르되 여호와께서 행하라고 명하신 것이 이러하니라 하고 아론과 그 아들들을 데려다가 물로 그들을 씻기고 아론에게 속옷을 입히며 띠를 띠우고 겉옷을 입히며 에봇을 더하고 에봇의 기묘하게 짠 띠를 띠워서 에봇을 몸에 매고 흉패를 붙이고 흉패에 우림과 둠밈을 넣고 그 머리에 관을 씌우고 그 관 위 전면에 금패를 붙이니 곧 거룩한 관이라 여호와께서 모세에게 명하심과 같았더라…"(레 8:1-10:20).

하나님의 방법으로 경배하라

레위기 8장부터 10장의 말씀은 제사장을 통하여 하나님께 접근하는 방법에 대해서 말씀하고 있습니다.

구약에서 제사장은 하나님과 사람 사이의 중재자입니다. 제사장은 인간과 하나님 사이에서 제사만을 드리는 것이 아니라 인간과 하나님 사이의 중재자의 역할을 하기 때문에 예수님의 모형이 됩니다.

그러나 예수님께서는 단순히 중재자의 역할만 하신 것이 아니라, 자신이 친히 제물까지 되셔서 우리를 구속하신 대제사장이 되신 분입니다. 그래서 이제는 예수님 이후로 우리는 제사장(목사나 신부)을 거치지 않고 하나님과 직접 교통할 수 있게 되었습니다.

제사장의 역사

가장

제사장의 역사를 보면 초기에는 집안의 가장이 제사장의 역할을 했습니다. 창세기에서 아브라함이 제사를 직접 드립니다. 또 이삭과 야곱이 그 아들들에게 축복하는 모습을 볼 수 있는데 이것이 바로 가장으로서의 제사장 역할이었습니다. 창세기에서는 가장들이 일족의 제사장 역할을 했는데, 이것은 오늘날에도 대단히 중요한 상징적 의미를 갖습니다.

저는 한국에 와서 목회를 시작하면서 교회에서의 남자의 역할을 강조했습니다. 흔히 교회일은 여자들이 앞장서서 하는 것이라고 생각하기 쉬운데, 그렇지는 않습니다.

제가 한국에 온 뒤 남자의 역할을 강조하는 목회를 시작하니까 남자 성도들은 물론이고 여성도들도 아주 좋아합니다. 남편들을 위해서 특별히 드리는 저의 기도 때문에 남편들이 집에서나 교회에서나 아주 힘있게 일을 한다는 것입니다. 이것은 가정을 위해서나 교회를 위해서나 좋은 일입니다. 온갖 사회적 여건 때문에 교회 사역에서나 가정에서도 남자들의 헌신이 약해져 있습니다. 남자들의 역할을 회복해야 합니다.

한 번은 남편이 나오지 않는 가정만을 특별히 초청하는 행사를 열었습니다. 250가구 정도가 되었는데 다 오지는 않았습니다. 그래서 그 분들을 모시고 이런 저런 이야기를 나누었습니다. 그 분들 중에서 진정으로 오고 싶어서 온 사람들은 사실 얼마 되지 않았습니다. 그런데 성의 있게 프로그램을 진행하고 말씀을 전하자 64명이 결신을 했습니다. 오히려 주최한 사람들이 놀랄 정도였습니다. 하나님의 은혜입니다.

이 결과는 가장의 주체적인 사역이 얼마나 중요한가 하는 것에 대한 도전을 주었기 때문입니다. 앞으로 이 분들을 잘 교육하고 신앙이 성장할 수 있도록 돕는다면 아주 훌륭한 가정을 이끄는 가장이 되고, 교회의 일꾼이 될 것입니다.

저는 주일과 추석이 겹치는 날에는 저녁예배를 드리지 않았습니다. 대신 가장이 집에서 예배를 인도하게 하고 그 순서와 설교까지 다 정해서 주었습니다. 그래서 처음으로 가정 예배를 인도하고 나니까 가장들 자신도 그렇고 가족들도 아주 뿌듯하고 기쁘게 생각했다고 합니다.

이것이 가정목회입니다. 처음에는 다 이렇게 가장이 제사장 사역을 했던 전통을 오늘에 되살릴 수 있어야 하겠습니다.

저는 일부러라도 가정교회라는 말을 자주 씁니다. 가정 교회의 목회자는 바로 가장입니다. 남편과 아버지에게 가정 사역의 책임을 지워주기 위해서 그렇게 하는 것입니다.

모든 면에서, 영적인 면에도 가정의 머리는 남자가 되어야 가정이 원만합니다. 따라서 가정의 영적인 책임을 남자가 질 수 있도록 도전을 주어야 합니다.

우리 교회는 이런 방침에 따라서 목회를 했는데 그동안에 남자 교인들이 많이 늘었습니다. 교회를 위해서나 가정을 위해서나 바람직한 현상이라고 생각합니다. 가정 제사장들이 가정을 위해 헌신하고 일어나야 합니다.

장자

가장 다음으로는 장자에게 제사장의 권위가 이어졌습니다. 부족의 우두머리요 가장들 중에서 제사장직이 수행되다가 공식적으로 제사장직으로 세움을 받은 사람은 아론과 그의 아들들인 나답과 아비후, 엘르아살, 이다말 등이었습니다. 각 가정의 장자를 제사장으로 세웠습니다.

"너는 이스라엘 자손 중 네 형 아론과 그 아들들 곧 나답과 아
비후와 엘르아살과 이다말을 그와 함께 네게로 나아오게 하여
나를 섬기는 제사장 직분을 행하게 하되"(출 28:1).

이렇게 출애굽기에서는 장자인 아론과 그 아들들이 제사장직으로
세움을 받는 모습을 보여주는데, 레위기 8장 전체에서 그 모습을 더
욱 상세하게 보여줍니다.

"여호와께서 모세에게 일러 가라사대 너는 아론과 그 아들들
과 그 의복과 관유와 속죄제의 수송아지와 수양 둘과 무교병
한 광주리를 이끌고 온 회중을 회막 문에 모으라 모세가 여호
와께서 자기에게 명하신 대로 하매 회중이 회막 문에 모인지지
라 모세가 회중에게 이르되 여호와께서 행하라고 명하신 것이
이러하니라 하고…"(레 8:1-5).

레위인

가장시대, 장자시대를 지나 가정마다 장자를 제사장으로 선택하는
대신 12지파 중 레위지파를 전체로 선택해서 성전과 제사의 일을 맡
겼습니다.

아론과 그 아들들은 레위 지파였습니다. 하나님은 아론과 그 아들
들을 제사장으로 세우신 뒤에 레위 지파를 뽑아서 레위 사람들이 전
적으로 제사장 일에 전념할 수 있도록 해주셨습니다. 그러나 레위인

들의 역할은 제사장을 돕는 일이었으며 제사장으로서 섬기는 것은 레위인들 가운데서 주로 아론의 자손들만이 갖는 특권이었습니다.

8장에 보면 처음에 아론과 아론의 자손을 성별해서 제사장을 세우는데 그 내용을 보면 아주 흥미가 있습니다.

아론의 자손 성별

제사장은 인간을 대신해서 하나님 앞에서 중재자 역할을 하는 사람입니다. 그러나 선지자는 하나님을 대신하여 인간 앞에서 하나님의 말씀을 선포하는 사람입니다.

선지자는 하나님의 언약에서 떠난 이스라엘 민족에게 죄를 지적하고 심판을 선포하는 면이 강한 반면에, 제사장은 하나님의 언약과 은혜에 의지하여 하나님의 자비와 은혜로 말미암는 구원을 하나님께 호소하는 면이 강하다는 것이 서로 다릅니다.

제사장은 하나님 앞에 성별된 직업입니다. 따라서 제사장을 세우는 과정도 엄격하고 성별된 것이었습니다.

성별된 제사장은 25살에 뽑아서 수련과정을 거쳐서 30세가 되면 정식으로 안수를 했습니다. 그런데 그 안수하는 예식은 아주 상징적이었습니다.

첫째/ 맨처음에는 물로 목욕을 시킵니다. 정결을 상징하는 것입니다.

"아론과 그 아들들을 데려다가 물로 그들을 씻기고"(레 8:6).

한국에서도 심마니들이 산삼을 캐러 가기 전에 목욕재개를 했고, 우리의 선조들은 중요한 일을 앞두었을 때는 항상 목욕을 한 뒤 몸가짐을 단정히 했었습니다.

하물며 하나님의 제사장은 말할 나위가 없습니다. 하나님의 일을 하는 사람으로 성별된 사람은 먼저 하나님 앞에서 그 몸과 마음의 모든 더러운 것을 씻어버리고 깨끗한 몸과 마음으로 서야 합니다.

제사장으로 임명을 받을 때는 단순히 손과 발만을 씻은 것이 아니라 성막의 뜰에서 온 몸을 깨끗하게 씻었습니다.

둘째/ 그리고나서 제사장의 옷을 입혔습니다.

"아론에게 속옷을 입히며 띠를 띠우고 겉옷을 입히며 에봇을 더하고 에봇의 기묘하게 짠 띠를 띠워서 에봇을 몸에 매고 흉패를 붙이고 흉패에 우림과 둠밈을 넣고 그 머리에 관을 씌우고 그 관 위 전면에 금패를 붙이니 곧 거룩한 관이라 여호와께서 모세에게 명하심과 같았더라"(레 8:7-9).

옷이란 바로 그 사람의 신분을 상징하는 것입니다. 왕은 왕의 옷을 입고, 종은 종의 옷을 입습니다. 그러므로 제사장의 옷을 입힌다는 것은, 몸을 깨끗이 씻는 준비 과정이 지나고 본격적으로 제사장으로서의 모습을 갖추어 가는 과정입니다.

제사장의 복장은 속옷과 띠와 겉옷과 에봇, 그리고 흉패와 관으로 이루어져 있습니다. 그리고 대제사장은 양 어깨에 호마노 하나씩을 가지고 있었는데 여기에는 이스라엘 열 두 부족의 이름이 씌어 있었

습니다. 또 하나님 뜻을 판단하는 우림과 둠밈이 있었습니다. 제사장
은 하나님의 뜻을 분별해 주어야 하는 때가 있었습니다. 지금도 성도
들이 목회자를 찾아와 하나님의 지혜를 구하는 것도 마찬가지입니다.
목회자는 하나님의 마음을 잘 알아야 합니다.

**셋째/ 그리고 머리에 기름을 부어 발랐는데 이는 성화의 상징입니
다.**

"모세가 관유를 취하여 장막과 그 안에 있는 모든 것에 발라
거룩하게 하고 또 단에 일곱번 뿌리고 또 그 단과 그 모든 기구
와 물두멍과 그 받침에 발라 거룩하게 하고 또 관유로 아론의
머리에 부어 발라 거룩하게 하고"(레 8:10-12).

기름부음 받는 것은 성별된 제사장직 안수에 있어서 핵심입니다.
기름을 부음받는 것은 성화롭게 된다는 의미입니다.
모세는 기름을 성막과 그 안에 있는 모든 것, 번제단과 물두멍까지
고 기름을 부어 성별하고 마지막으로 아론의 머리에 기름을 부어 그
를 성별하였습니다. 때로 기름은 성령을 상징하기도 했습니다.

**넷째/ 속죄 제물을 잡아 피를 뿌렸습니다. 이것은 속죄를 상징합니
다.**

"모세가 또 속죄제의 수송아지를 끌어오니 아론과 그 아들들
이 그 속죄제 수송아지 머리에 안수하매 모세가 잡고 그 피를

취하여 손가락으로 그 피를 단의 네 귀퉁이 뿔에 발라 단을 깨
끗하게 하고 그 피는 단 밑에 쏟아 단을 속하여 거룩하게 하고
또 내장에 덮인 모든 기름과 간 꺼풀과 두 콩팥과 그 기름을 취
하여 단 위에 불사르고 그 수송아지 곧 그 가죽과 고기와 똥은
진 밖에 불살랐으니 여호와께서 모세에게 명하심과 같았더라"
(레 8:14-17).

아론과 그 아들들은 속죄제 수 송아지의 머리에 안수함으로써 그들
의 모든 죄를 속죄제 짐승에게도 내속시켰습니다. 그리고 이 속죄제
물을 잡아 하나님께 바침으로써 모든 죄를 속죄함 받고 스스로를 깨
끗하게 하였습니다.

**다섯째/ 그 후에 번제 제물을 바쳤습니다. 이것은 자신이 죄성을 가
진 인간이라는 것과, 하나님께 드리는 헌신을 상징합니다.**

"또 번제의 수양을 드릴새 아론과 그 아들들이 그 수양의 머리
에 안수하매 모세가 잡아 그 피를 단 주위에 뿌리고 그 수양의
각을 뜨고 그 머리와 각뜬 것과 기름을 불사르고 물로 내장과
정갱이들을 씻고 그 수양의 전부를 단 위에 불사르니 이는 향
기로운 냄새를 위하여 드리는 번제로 여호와께 드리는 화제라
여호와께서 모세에게 명하심과 같았더라"(레 8:18-21).

우리는 이미 앞에서 번제의 의미를 살펴보았습니다. 번제는 그 자
신을 온전히 하나님께 바친다는 상징으로서, 헌신을 의미합니다. 따

라서 제사장으로 안수받은 과정에 번제가 포함된 것은 제사장은 하나 님께 완전히 헌신된 사람이라는 것을 말해줍니다.

여섯째/ 마지막으로 제사장의 몸에다가 피를 발랐습니다. 이것은 완 전한 순종을 의미합니다.

"모세가 잡고 그 피를 취하여 아론의 오른 귓부리와 오른손 엄 지 가락과 오른발 엄지가락에 바르고 아론의 아들들을 데려다 가 그 오른 귓부리와 오른손 엄지가락과 오른발 엄지가락에 그 피를 바르고 또 그 피를 단 주위에 뿌리고"(레 8:23).

제사장직 안수의 마지막 순서는 위임식 수양인 화목제를 드리는 것 입니다. 그런데 모세는 이 위임식 수양을 하나님께 드리면서 특이하 게도 그 수양의 피를 아론과 아들들의 오른쪽 귀와 오른쪽 엄지 손가 락과 오른쪽 엄지 발가락에 발랐습니다.

오른쪽 귀에 피를 바른 것은 하나님의 음성만을 듣는다는 의미입니 다. 또 자기 목숨을 걸고 전적으로 하나님의 일만을 하겠다는 의미로 오른쪽 엄지 손가락에, 그리고 하나님의 길만 걷는다는 의미로 오른 쪽 엄지 발가락에도 피를 발랐습니다.

피는 사람과 하나님 사이에 목숨을 걸고 맺는 언약을 상징하는 것 입니다. 목숨을 걸고 하나님의 음성에만 순종하며, 하나님만을 섬기 며, 하나님의 길만을 걷는다는 아주 절대적인 의식이었던 것입니다.

그런데 지금에 와서는 하나님의 말씀에만 귀를 기울이기가 쉽지 않습니다. 전문가의 이야기 쪽으로 귀를 기울이고 싶고, 친구의 이야기도 옳은 것 같고, 또 때로는 아내가 더 현명해 보이기 때문에, 하나님께 귀를 기울이기보다는 사람들 쪽으로 귀를 열어 놓기 쉽습니다. 그리고 무엇보다, 자기 가슴 속의 음성을 더 먼저 듣게 됩니다.

우리가 만약 구약의 제사장들이 안수받던 그 의식을 생각한다면 목회자들이 가져야 할 마음자세가 얼마나 중요한지 깨닫게 될 것입니다. 목회자뿐만이 아니라 만민 제사장시대에 모든 하나님의 자녀들이 어떻게 살아야 할 것을 이 예식이 보여줍니다.

목회자의 손도 마찬가지입니다.

미국의 교회에서는 꼭 어려워서가 아니라 교인들의 헌금에 의존해서 살지 않고 싶다는 생각에서, 목회자가 다른 일을 해서 생활에 필요한 수입을 얻으려고 합니다. 그래서 목회자가 여러 가지 가게를 경영하기도 합니다. 그런데 바로 거기에 문제가 있습니다.

예를 들어서, 목회자가 세탁소를 하게 되면 기계를 고쳐야 하기도 하고 다림질을 하기도 하는데, 교인들은 무슨 일이 있어서 목회자를 찾을 때에 목사가 기름때가 묻은 손으로 나타나는 것을 아주 싫어합니다.

그리고 자기 목회자에 대해서 존경하는 마음을 갖지 않을 뿐 아니라 심지어는 무시하는 태도를 보이기까지 합니다. 한인교회에서 자주 있었던 이야기입니다.

목회자는 목회자대로 교회에서 나오는 사례비 외의 수입이 더 많고, 생활이 안정되니까 자연히 교회 일에 소홀하게 됩니다. 그저 현상

유지하는 정도로 만족하며 지내려고 하고, 교회나 교인들의 성장을 소홀히 하게 될 수도 있습니다.

그러나 자신의 모든 것을 교회에 걸고, 당장은 어려워도 하나님과 교인들을 위해서 자신을 헌신하는 목회자는 얼마 후에는 반드시 성장하는 교회, 성장하는 교인들을 만들게 됩니다.

목회는 철저하게 제사장의 자세를 갖지 않으면 할 수 없는, 성별된 직책입니다.

목회자의 손은 안수를 받은 다음부터는 하나님과 피로 맹세한 손이 됩니다. 그러면 자신의 형편을 먼저 생각하기 보다는 어떻게 해서라도 하나님의 일에 헌신하면서 사는 사람, 자기의 혼신을 다하여 하나님의 말씀을 전하는 일에 최선을 다하는 사람이 되어야 할 의무가 있습니다.

그리고 그렇게 목회에 모든 것을 다 바치는 사람의 설교가 성도들의 마음을 움직이고, 교인들을 성장하게 합니다.

하나님은 전적으로 하나님께 헌신된 사람에게 은혜를 주시고 축복을 주십니다. 죽음으로 하나님 앞에 약속한 손으로 자신의 수익을 위한 사업을 한다면 그 약속을 어기는 것이라는 사실을 알아야 합니다.

제사장의 오른쪽 엄지 발가락에 피를 묻히는 것은 주님께서 가라고 하신 곳은 그곳이 어디든지 가겠다고 하는 상징적인 의미가 있습니다. 복음성가에 "부름받아 나선 이 몸 어디든지 가오리라" 하는 마음가짐을 가져야 하는 것이 바로 제사장입니다.

자신이 선택해서 가고 싶은 곳에만 가는 것은 제사장의 자세라고 할 수 없습니다.

아론과 그 아들들은 수양의 피를 발라야 했지만 지금 목회자들은 어린 양 예수님의 피를 바릅니다. 전적으로 우리가 하나님의 것이라는 표시를 하기 위해서 우리는 오른쪽 귀에 그리스도의 피를 발라 오직 예수님에게로만 귀를 열고, 오른쪽 엄지 손가락에 예수님의 피를 발라 오직 그분만을 섬기고, 오른쪽 엄지 발가락에 그리스도의 피를 발라 오직 그분이 가라고 하는 곳으로만 가야 하는 것입니다.

오늘날 목회자가 되고자 하는 사람에게는 바로 이런 결심이 있어야 합니다.

제사장의 사역 출발

제사장직으로 임명받는 모든 절차와 하나님께 제물을 바치고 하나님께 헌신을 하는 모든 절차가 끝난 뒤에는 제사장으로서의 공식적인 사역이 시작되었습니다.

첫번째의 사역

아론과 그 아들들의 첫번째 제사장 사역은 레위기 9장에 나옵니다. 아론과 그 아들들은 하나님의 말씀대로 칠주야를 회막에서 지낸 후 팔일째 되는 날 회막을 나와 공적인 제사장 사역을 시작합니다.

"제 팔일에 모세가 아론과 그 아들들과 이스라엘 장로들을 불러다가 아론에게 이르되 흠 없는 송아지를 속죄제를 위하여 취하고 흠 없는 수양을 번제를 위하여 취하여 여호와 앞에 드리

고 이스라엘 자손에게 고하여 이르기를 너희는 수염소를 속죄
제를 위하여 취하고 또 송아지와 어린 양의 일년 되고 흠 없는
것을 번제를 위하여 취하고 또 화목제를 위하여 여호와 앞에
드릴 수소와 수양을 취하고 또 기름 섞은 소제물을 가져오라
하라 오늘 여호와께서 너희에게 나타나실 것임이니라 하매 그
들이 모세의 명한 모든 것을 회막 앞으로 가져 오고 온 회중이
나아와 여호와 앞에 선지라 모세가 가로되 이는 여호와께서 너
희에게 하라고 명하신 것이니 여호와의 영광이 너희에게 나타
나리라 그가 또 아론에게 이르되 너는 단에 나아가 네 속죄제
와 네 번제를 드려서 너를 위하여, 백성을 위하여 속하고 또 백
성의 예물을 드려서 그들을 위하여 속하되 무릇 여호와의 명대
로 하라"(레 9:1-7).

제사장으로서의 첫번째 사역은 제물을 봉헌하는 것이었습니다. 2
절 이하의 말씀에 보면 그 제물의 내용은 속죄제와 번제 그리고 화목
제와 소제였습니다.

첫번째 제물은 제사장 자신을 위해서 드리는 것이었습니다. 먼저
속죄제로써 송아지를 드렸는데 이 송아지는 제사장이 자기 자신을 대
신해서 드리는 것입니다.

제사장이 먼저 성결함을 받지 않으면 백성들을 위해서 하는 일들이
잘될 수가 없습니다. 자신의 문제를 가득 떠안고 있는 부정한 사람이
그것을 해결하지 않고 어떻게 다른 사람들의 문제를 해결하고 깨끗하
게 씻어 줄 수 있겠습니까? 자신이 영적인 사람이 되어야 하기 때문
에 제사장도 자신을 위한 제물을 먼저 드렸던 것입니다. 언제나 자신

의 상태를 먼저 돌봐야 합니다.

계속해서 15절 이하의 말씀을 보면 자신을 위해서 먼저 드리고난 다음에야 백성들을 위한 제물을 드렸습니다. 제사장이나 백성들이나 자신이 죄성을 가진 백성이라는 것을 인정하고 정결하게 한 다음에 제사를 드리는 것입니다.

> "그가 또 백성의 예물을 드리되 곧 백성을 위한 속죄제의 염소를 취하여 잡아 전과 같이 죄를 위하여 드리고 또 번제 희생을 드리되 규례대로 드리고 또 소제를 드리되 그 중에서 한 움큼을 취하여 아침 번제물에 더하여 단 위에 불사르고 또 백성을 위하는 화목제 희생의 수소와 수양을 잡으매 아론의 아들들이 그 피를 그에게로 가져오니 그가 단 주위에 뿌리고"(레 9:15-18).

제사를 드린다는 것은 계속해서 짐승을 죽인다는 것을 의미합니다. 그러니 얼마나 짐승의 피로 얼룩졌겠습니까? 인간의 죄를 대속하기 위해서는 얼마나 많은 피를 필요로 하는 것인지 알게 되는 대목입니다.

그러나 실상 짐승의 피는 하나의 상징일 뿐 인간의 죄를 없애줄 수 있는 것이 아니었습니다. 인간의 죄 문제는 예수 그리스도께서 십자가에서 단번에 죽으심으로 해결하셨습니다.

그래서 히브리서에는 예수님의 죽음을 구약의 제사보다 나은 희생 제물이라고 말합니다. 구약시대와는 다른 새 언약이 되신 것입니다. 짐승의 피는 사실상 죄를 구속하지 못하기 때문에 반복했지만 하나님의 아들이자 신을 제물로 바침으로 '단번'에 영원히 인간의 죄를 대속하셨습니다. 다시는 짐승의 피가 필요 없게 됐습니다.

"그리스도께서 장래 좋은 일의 대제사장으로 오사 손으로 짓지 아니한 곧 이 창조에 속하지 아니한 더 크고 온전한 장막으로 말미암아 염소와 송아지의 피로 아니하고 오직 자기 피로 영원한 속죄를 이루사 단번에 성소에 들어가셨느니라"(히 9:11-12).

레위기 9장 22절에 보면 무수한 짐승의 피를 쏟은 후에 아론이 손을 들고 백성들에게 축복을 선포합니다. 제사장으로서의 공적 사역을 시작하는 첫번째 축복이었습니다.

"아론이 백성을 향하여 손을 들어 축복함으로 속죄제와 번제와 화목제를 필하고 내려오니라."

아마도 그 축복의 내용은 민수기 6장 24절부터 나오는 말씀이었을 것입니다. 이 축복의 내용이 구약에서 거듭되어 반복되는 가장 보편적이고 핵심적인 축복의 모습을 보여줍니다.

"여호와는 네게 복을 주시고 너를 지키시기를 원하며 여호와는 네게 비취사 은혜 베푸시기를 원하며 여호와는 그 얼굴은 네게로 향하여 드사 평강주시기를 원하노라…"

"여호와는 네게 복을 주시고"라는 번역은 그 의미가 조금 약합니다. 여기서의 '복'은 '물질을 풍부하게 하고 원하는 것들을 얻게 하는 정도의 복'이 아닙니다. 히브리어 원어가 가진 본래의 뜻은, 밖으로부터 복이 들어오게 하는 것이 아니라, 그 자신이 복이 되게 한다는 의미입니다. 그 사람 자체가 복이 된다는 것은, 도금을 하는 것이 아니라 금덩어리를 만들어 주신다는 것입니다.

우리가 주님을 원할 때에도, 주님이 주시는 축복을 원하는 것과 주님 자신을 원하는 것과는 차원이 다릅니다. 축복을 얻는 것은 주님이 주시는 것만을 원하는 것이고, 주님을 원하다는 것은 주님이 가진 모든 것을 얻는 것입니다.

복의 근원이신 주님을 구하는 것은 일일이 다 말로 나열하지 않아도 모든 것을 구하는 것입니다.

이것이 나 자신의 복에도 적용이 됩니다. "내가 어떤 복을 받게 해달라"고 기도하는 것보다는, 자신이 "어떤 사람이 되게 해달라"는 기도를 해야 합니다. **무엇을 갖기 위해서가 아니라 무엇이 되기 위해서 기도해야 합니다.**

"여호와는 그 얼굴로 네게 비취사 은혜 베푸시기를 원한다"는 말씀은 "하나님께서 그 웃으시는 얼굴로 너를 쳐다보기 원하신다"는 뜻입니다.

다른 어떤 말로 어떤 축복을 달라고 하는 것보다 이것이 훨씬 귀한 것입니다. 하나님의 웃으시는 얼굴이 나를 향하여 있다면 그보다 더 바랄 것이 무엇이겠습니까?

은혜롭기를 원하는 것도, 평강 주시기 원하는 것도 모두 하나님 그 자체를 구하는 것입니다.

히브리어로 '평화'를 나타내는 '샬롬'은 영어의 'peace'나 우리말의 '평화'와는 아주 큰 차이가 있습니다.

'샬롬'은 아무런 소란스러운 일이 없는 상태인 소극적인 의미의 평화가 아니라, 역동적인 평화입니다. 배고픈 사람에게는 빵을, 병이 있는 사람에게는 고침을, 무너진 곳에는 일으킴이 있는 것이 바로 '샬롬'입니다.

그래서 히브리어의 '샬롬'을 전쟁이 없는 조용한 상태 정도의 소극적인 것으로 생각하면 안됩니다. 이 개념은 아주 적극적이고 힘이 넘치는 것입니다. 모든 문제의 해결입니다.

하나님의 제사장들은 백성들에게 이런 평화를 축복해 주라고 했습니다. 그래서 저는 학교에서 가르치는 신학생들에게나 목사님에게 기도에 대해서 말할 때에 이 본문 말씀을 자주 인용합니다. 그들은 이런 축복을 해야 할 특권이 있기 때문입니다.

하나님의 백성들의 삶에서 이것 이상 바랄 것이 없습니다. 아무리 많은 것을 나열하고 길게 축복해 준다고 해도 이만큼 핵심적으로 축복할 수 없을 것입니다. 오늘에 있어서는 목회자뿐 아니라 서로 이와 같이 축복해 줄 수 있습니다. **하나님이 주시는 어떤 축복보다도 하나님 자신을 구하는 것이 가장 큰 축복**이기 때문입니다.

아론이 이런 축복을 구했을 때 하나님의 영광이 나타나 온 백성을 덮었다고 레위기는 기록하고 있습니다.

"모세와 아론이 회막에 들어 갔다가 나와서 백성에게 축복하
매 여호와의 영광이 온 백성에게 나타나며 불이 여호와 앞에서
나와 단 위의 번제물과 기름을 사른지라 온 백성이 이를 보고
소리지르며 엎드렸더라",(레 9:23-24).

나답과 아비후의 죽음

그러나 이러한 축복과 하나님의 영광 뒤에 곧이어 인간의 어리석은
실수로 인한 어두운 사건이 계속됩니다. 호사다마(好事多魔)라고 할
까? 밝은 빛의 이야기 뒤에 어두운 그림자의 이야기가 나옵니다.

아론의 아들이자 제사장인 나답과 아비후가 죽음을 당하는 사건입
니다.

"아론의 아들 나답과 아비후가 각기 향로를 가져다가 여호와
의 명하시지 않은 다른 불을 담아 여호와 앞에 분향하였더니
불이 여호와 앞에서 나와 그들을 삼키매 그들이 여호와 앞에서
죽은지라"(레 10:1-2).

제사장으로 안수받은 지 얼마 되지도 않아서 나답과 아비후가 죽음
을 맞게 된 것은 잘못드린 제사 때문이었습니다.

우리는 여기에서 10장 1절의 "여호와의 명하시지 않은"이라는 구
절을 주의깊게 살펴보아야 합니다. 얼핏 보기에는 아무것도 아닌 단
순한 구절이지만 이 구절은 지금까지의 레위기와는 정반대의 것을 드

러내 보여줍니다.

레위기 9장에 이르기까지 지금까지는 모든 것이 "여호와의 명대로" 이루어졌습니다. 지금까지 숱하게 많은 구절들에서 "여호와의 명대로"라는 말씀이 있었습니다. 간단히 9장만 살펴보아도 "여호와께서 너희에게 하라고 명하신 것"(6절), "여호와의 명대로"(7절), "여호와께서 모세에게 명하심과 같았고"(10절), "모세의 명한 것과 같았더라"(21절) 등과 같이 모든 것을 여호와의 말씀에 따라 순종하여 행하였던 것을 말해줍니다. 하나님을 섬길 때는 하나님의 방법을 따라 섬기고 예배해야 합니다.

그런데 10장 1절에서 처음으로 "여호와의 명하시지 않은"이라는 말씀이 나타나는 것은 중대한 사건이 아닐 수 없습니다. 그것도 다른 사람이 아니라 하나님 앞에서 하나님과 사람 사이의 중재자가 되어야 할 제사장에 의해서 저질러졌습니다. 그 대가는 엄중했습니다. 나답과 아비후는 죽음을 맞은 것입니다.

그러면 지금부터 왜 나답과 아비후가 죽음을 당할 수밖에 없었는지 그 원인과 거기에서 얻을 수 있는 교훈을 하나씩 살펴보기로 합시다.

첫째/ 나답과 아비후는 '다른 불'을 사용하려고 시도했습니다.

요즘에도 하나님과 사람 앞에 '다른 불'을 들고 나오는 사람들이 있습니다. 예수 그리스도의 복음이 아닌 다른 복음을 들고 나오는 사람들입니다. 사람이 보기에는 그들은 제사장의 옷을 입었고 그럴 듯해 보입니다. 그러나 그들이 들고 있는 다른 불이 그들을 삼키고 말 것입니다. 그 불은 하나님이 명하신 불이 아닙니다.

하나님이 우리를 구원하기 위해 주신 불은 오직 예수 그리스도밖에 없습니다. 다른 불의 결과는 죽음과 하나님의 심판입니다.

하나님은 우리의 제안이나 창의력이 필요하지 않습니다. 하나님 자신이 진리이시고 창조적 능력이었고 신이기 때문에, 그 분 자신이 아이디어의 근원이시기 때문에 나의 창의적 아이디어가 필요한 것이 아닙니다. 우리의 순종이 필요할 뿐입니다. 철저한 순종만이 요구됩니다.

둘째/ 나답과 아비후의 제사에는 하나님의 지시가 없었습니다.

하나님의 사람에게 가장 중요한 것은 하나님의 말씀에 순종하는 삶입니다. 하나님이 하라고 하면 하고 하지 말라고 하면 하지 않으면 됩니다. 그것이 믿는 사람의 삶입니다.

그런데 하나님이 하라고 하시는 것을 순종하지 않으니까 문제가 생기고, 하나님이 하라고 명하시지도 않은 것을 하려고 하니까 문제가 있는 것입니다.

나답과 아비후의 죽음을 통해 우리는 진정한 축복과 삶의 길은 하나님의 말씀에 전적으로 순종하는 것에 있다는 것을 배울 수 있습니다. 우리는 언제나 하나님의 뜻과 인간의 뜻 사이에서 부단히 하나님을 선택해야 삽니다.

셋째/ 하나님께는 인간의 방법은 용납되지 않습니다.

때때로 하나님을 위한 일이라고 하면서 하나님의 방법이 아닌 인간의 방법이 사용되는 것을 볼 수 있습니다. 하나님은 인간의 도움을 받아야 할 만큼 나약한 하나님이 아닙니다. 하나님은 인간적이고 부정한 방법들을 용납할 만큼 무감각한 하나님이 아닙니다.

우리 하나님은 전지전능하신 하나님이요, 공의로우신 하나님, 그 말씀하신 것은 토씨 하나까지도 반드시 이루시는 하나님이시라는 것을 알아야 합니다.

넷째/ 하나님은 하나님의 방법으로 경배해야 합니다.

하나님은 하나님의 방법으로 경배받으시길 원하십니다. 이것이 바로 레위기 전체의 핵심 주제입니다. 하나님은 자신의 방법으로 경배받으시기를 원하시기 때문에 레위기 전체를 통해 희생제물을 드리는 방법과, 제사장을 성별하는 방법 하나 하나를 세밀하게 말씀하신 것입니다.

만약 하나님이 하나님의 방법으로 경배받기를 원하시지 않았다면 성경 66권 중에서 특히 레위기는 존재할 필요가 없는 책입니다.

하나님은 하나님의 방법으로 경배받기를 원하십니다. 이것이 바로 레위기의 주제입니다. 이것이 바로 거룩한 삶입니다.

제 5 장

부정한 것을 피하라

"…너희는 이와 같이 이스라엘 사손으로 그 무성에서 떠나게 하여 그들로 그 가운데 있는 내 장막을 더럽히고 그 부정한 중에서 죽음을 면케 할지니라 이 규례는 유출병이 있는 자와 설정함으로 부정을 입은 자와 불결을 앓는 여인과 유출병이 있는 남녀와 불결한 여인과 동침한 자에게 관한 것이니라"(레 11:1-15:33).

부정한 것을 피하라

거룩하신 하나님께서는 자기의 거룩한 백성들에게 하나님의 거룩한 방법에 따라 거룩한 삶을 살도록 요구하십니다. 하나님이 말씀하신 거룩한 삶을 살 때 거룩하신 하나님께 나아갈 수 있습니다.

거룩하신 하나님께 나아가는 데는 여러 가지의 방법이 있습니다. 레위기는 인간이 거룩하신 하나님 앞에 나아가는 방법들을 말씀해주고 있는데, 지금까지 우리는 **희생제물**을 하나님께 드림으로써 하나님께 나아가는 방법과, 하나님과 사람 사이의 중재자인 **제사장**을 통해서 하나님께 나아가는 방법을 살펴보았습니다.

계속해서 레위기 11장에서 15장까지의 말씀은 거룩하신 하나님께 나아가는 방법 중에서 **정결**을 통해서 나아가는 방법에 대해 이야기해 줍니다.

정결을 통해서 하나님께 접근하기 위해서 우리는 정결한 음식(11장)과 정결한 몸(12-13)과 정결한 옷(14장), 그리고 정결한 접촉(15장)을 가져야 합니다. 우리의 일상을 둘러싼 모든 것들을 정결하게 하고 우리 자신을 정결하게 지켜야 거룩하신 하나님께 나아갈 수 있는 것입니다.

그러나 역설적이게도, 이런 일상적 삶의 세세한 부분에서 정결을 지키려는 모든 노력을 통해서 우리는 인간도 노력하면 얼마든지 정결해질 수 있다는 사실이 아니라, 인간의 삶은 결코 정결할 수 없다는 사실을 발견하게 됩니다. 하나님이 거룩하시니 우리 삶의 모든 부분에서 거룩하여야 할 의무와 책임이 있지만, 우리의 의로는 하나님의 거룩하심을 결코 따를 수 없다는 것이 현실입니다.

그래서 더욱 우리는 하나님의 거룩을 사모하게 되고, 예수 그리스도의 구원에 감격하게 되는 것입니다. 그 분은 우리를 단번에 거룩하게 만들어 주십니다.

그러면 지금부터 레위기 11장에서 15장까지 말씀하신 정결에 대해서 살펴보도록 합시다.

정결한 음식

레위기 11장을 보면 정결한 삶을 위해서는 먼저, 음식을 정결하게 해서 먹어야 했습니다.

"여호와께서 모세와 아론에게 고하여 그들에게 이르시되 이스라엘 자손에게 고하여 이르라 육지 모든 짐승 중 너희의 먹을 만한 생물은 이러하니"(레 11:1-2).

하나님의 백성은 음식을 먹어도 정결한 음식을 먹어야 했습니다. 그것은 다르게 말하면, 하나님의 백성은 먹는 것에 있어서도 구별을 하고 신경을 써야 한다는 뜻입니다. 같은 종류라도 부정한 것을 피하고 깨끗한 물고기, 깨끗한 새, 깨끗한 곤충을 구별하여 먹고 정결하게 한 다음에 먹어야 했습니다.

음식은 제사장이 예식을 행하고 손을 들어 그 음식에 축복하면 그 음식이 정결하게 되었습니다. 이 전통이 오래도록 남아서 후대에는 랍비들이 음식에 손을 들어 축복하면 그 음식은 정결한 음식이라고 유대인들은 인정했습니다. 그것이 바로 '코셔' 음식입니다.

그러면 하나님이 말씀하신 정결한 음식들은 어떤 것들인지 알아봅시다.

첫째/ 정결한 짐승과 부정한 짐승

"짐승 중 무릇 굽이 갈라져 쪽발이 되고 새김질하는 것은 너희가 먹되 새김질하는 것이나 굽이 갈라진 짐승 중에도 너희가 먹지 못할 것은 이러하니 약대는 새김질은 하되 굽이 갈라지지 아니하였으므로 너희에게 부정하고 사반도 새김질은 하되 굽이 갈라지지 아니하였으므로 너희에게 부정하고 토끼도 새김질은 하되 굽이 갈라지지 아니하였으므로 너희에게 부정하고 돼지는 굽이 갈라져 쪽발이로되 새김질을 못하므로 너희에게 부정하니 너희는 이 고기를 먹지 말고 그 주검도 만지지 말라 이것들은 너희에게 부정하니라"(레 11:3-8).

둘째/ 정결한 물고기와 부정한 물고기

"물에 있는 모든 것 중 너희의 먹을 만한 것은 이것이니 무릇 강과 바다와 다른 물에 있는 것 중에 지느러미와 비늘 있는 것은 너희가 먹되 무릇 물에서 동하는 것과 무릇 물에서 사는 것 곧 무릇 강과 바다에 있는 것으로서 지느러미와 비늘 없는 것은 너희에게 가증한 것이라 이들은 너희에게 가증한 것이니 너희는 그 고기를 먹지 말고 그 주검을 가증히 여기라 수중 생물에 지느러미와 비늘 없는 것은 너희에게 가증하니라"(레 11:9-12).

셋째/ 정결한 새와 부정한 새

"새 중에 너희가 가증히 여길 것은 이것이라 이것들이 가증한즉 먹지 말지니 곧 독수리와 솔개와 어웅과 매와 매 종류와 까마귀 종류와 타조와 다호마스와 갈매기와 새매 종류와 올빼미와 노자와 부엉이와 따오기와 당아와 올웅과 학과 황새 종류와 대승과 박쥐니라"(레 11:13-19).

넷째/ 정결한 곤충과 부정한 곤충

"날개가 있고 네 발로 기어 다니는 곤충은 너희에게 가증하되 오직 날개가 있고 네 발로 기어다니는 모든 곤충 중에 그 발에 뛰는 다리가 있어서 땅에서 뛰는 것은 너희가 먹을지니 곧 그 중에 메뚜기 종류와 베짱이 종류와 귀뚜라미 종류와 팟종이 종류는 너희가 먹으려니와 오직 날개가 있고 기어다니는 곤충은

다 너희에게 가증하니라"(레 11:20-23).

그런데 이렇게 음식에 정, 부정을 구별한 이유는 무엇일까요? 그 이유를 밝히기 위해 아무리 과학적으로 분석을 해도, 과학적으로는 정당한 이유를 댈 수가 없습니다.

예를 들어서, 오징어가 부정하다고 했는데 오징어 자체에서 부정한 요인을 찾을 수는 없습니다. 그리고 돼지고기도 부정한 것으로 되어 있습니다만 위생적으로 더러운 곳에서 자란다는 것 외에는 부정할 이유가 없습니다.

물론, 현대의 생물학자들이나 의학자들 중에서는 레위기를 바탕으로 연구해서 레위기에서 부정하다고 분류된 음식들은 실제로 사람들의 몸에 좋지 않다는 결과를 발표하기도 했습니다. 맥밀란 박사는 그의 저서 「None of These Diseases」에서 의학적으로 설명하려고 노력을 했습니다.

그러나 사실 이 이야기는 창세기 4장에 나오는 가인과 아벨의 이야기와 같은 맥락에서 파악해야 합니다.

가인은 곡식을 바치고 아벨은 양을 바쳤는데 하나님께서 가인의 제물은 열납하지 않으시고 아벨의 제물은 열납하셨습니다. 그러나 그렇다고 해서 이 구절을 "곡식을 드리는 것은 부정한 것이고 짐승을 드리는 것이 정한 것"이라고 해석해서는 무리가 따릅니다.

이 이야기의 뜻은 전적으로 절대적인 하나님의 주권 하에서 하나님이 하지 말라고 금지하신 것은 하지 않아야 한다는 것으로 해석해야 합니다.

가인과 아벨의 문제는 곡식과 짐승의 정, 부정의 문제가 아닙니다. 뒤에 나오는 제사법을 생각해 볼 때, 그것은 짐승을 잡아서 피를 내는 제사를 지내지 않았기 때문이라고 해석해야 합니다. 예수 그리스도의 탄생과 죽음을 모형적으로 나타내기 위하여 처음부터 제사를 드릴 때는 짐승을 바치라고 하신 것을 가인이 순종하지 않았기 때문에 이런 일이 생긴 것으로 보아야 합니다.

추측해 보건데 아마 처음에는 가인도 짐승을 바쳤을 것입니다. 그러나 가만히 생각을 해보니까 농부인 자기가 굳이 동생에게 짐승을 매번 얻어서 제사를 드려야 하는 것이 번거롭고 불만이 생겼을 것입니다. 그래서 자기 나름대로 자신이 가지고 있는 것 가운데서 가장 좋은 것을 제물로 바치기로 하고 그대로 한 것이 아닐까 싶습니다.

그러나 하나님께서 중요하게 보신 것은 어떤 것을 바치는가 하는 것이 아니라 하나님이 하신 명령에 순종하는가 하지 않는가 하는 것이었습니다. 하나님이 보신 것은 하나님의 방법으로 하는가 아니면 인간의 방법으로 하는가입니다.

하나님이 명하신 것은 절대적입니다. 그것에는 다른 이유가 있을 수 없습니다. 하나님을 섬기는 것은 하나님의 방법으로 해야 합니다.

예수님이 "내가 곧 길이요 진리요 생명이다"라고 말씀하시면, "예수님 옳습니다" 하면 되는 것입니다. 그것에 다른 의미가 있는 것이 아니고 다른 해석이 있는 것이 아닙니다.

괜히 "그 길이 사실은 어떻고, 다른 길이 있을 수도 있는 것이고…" 하면서 다른 설명을 붙일 필요가 없습니다. 절대자가 그렇다고 하면 그런 것입니다. 그대로 믿는 것으로 그 말씀에 대한 우리의 역할은 끝나는 것입니다.

음식에 관해서도 마찬가지입니다. 하나님께서 부정하니 먹지 말라고 하시면 먹지 않으면 되는 것입니다. 그 이유를 캐려고 억지로 고민을 할 필요가 없습니다. 전적으로 하나님이 지시하는 대로만 하면 됩니다.

순종이 최선입니다. 음식을 가려서 정, 부정으로 나누고 금지시킨 것은 이렇게 순종을 명령하신 것으로 이해하는 것이 가장 설득력 있습니다.

새로운 학설을 만들어내는 사람이 뛰어난 목회자라고 생각해서는 안 됩니다. 복음주의 신학자들에 비해서 자유주의 신학자들은 아주 기발하고 새로운 신학을 많이 만들어 냅니다. 그래서 처음에 들으면 아주 신기하고 그럴 듯해 보입니다. 사람의 시선을 강하게 끄는 것입니다.

그러나 하나님이 우리에게 원하시는 것은 없는 것을 창조하는 것이 아니라, 있는 것 그대로를 새롭게 하는 것입니다. 오랜 시간을 걸쳐온 신앙을 새로운 세대의 새로운 사람들에게 가르치는 일을 맡기신 것입니다.

어떤 분이 저에게 질문을 하시기를, "예수님도 범죄하지 않으셨습니까?" 하고 물었습니다.

"예수님도 예루살렘 성전에서 상을 엎고 채찍을 휘두르면서 분노하시지 않았습니까?"

그래서 저는 "하나님이 하시는 것은 무엇이든 죄가 될 수 없습니다. 하나님께서 화를 내신 것은 성스러운 분노를 터뜨리신 것입니다. 하나님께서 하신 일에 인간의 기준을 가지고 감히 선악의 자를 들이댈 수는 없습니다. 그분은 흠이 없으시고 오류가 없으신 분이기 때문입니다"라고 대답해주었습니다.

하나님께서 "그 마을에 있는 것은 다 죽이고 살려 두지 말라"고 하셨으면 죽이는 것이 선입니다. 그런데 사울은 양을 살려두었습니다. "하나님께 드리기 위해서 살진 양들만 뽑아 놓았다"는 말은 통하지 않습니다.

하나님이 이유가 있어서 그러라고 말씀하신 것인데 인간적인 자기 생각으로 자기가 원하는 것을 결정해서 하나님께 바치겠다는 것은, 하나님께 불순종하는 잘못을 저지르는 것입니다. 무엇이든 하나님이 원하시는 것을 이행하는 것이 선입니다.

인간은 순종할 수 있는 가능성보다 불순종할 가능성이 몇 배나 더 많습니다. 그래서 신명기 28장에 보면 축복의 가짓수보다 저주의 가짓수가 몇 배나 더 많은 것입니다.

하나님이 우리에게 원하시는 것은 제사보다 순종입니다. 순종하면 신앙생활은 쉽고 복잡합니다. 그런데 그것을 복잡하게 만드는 것은, 자기 방식대로 살려고 하기 때문입니다. 간음하지 말라면 간음하지 않는 것이 행복의 길입니다. 불순종하면 온갖 고통과 불행을 초래합니다.

어린아이처럼 순종하면 신앙 생활이 어려울 리가 없습니다. 하라고 하시는 대로 따라가기만 하면 됩니다. 인간적인 자기 생각이 하나님의 법을 넘어서 자기를 지배하고 흔들기 때문에 어렵게 되고 실패하는 일이 생기는 것입니다.

성경에 씌어진 이야기들이 대부분 그렇습니다. 하나님의 선하신 명령대로 살지 못해서 고생을 하다 다시 돌아와서 용서함 받고 평화를 누리다가, 얼마 후에는 하나님을 잊고 또 다시 나가 하나님의 진노를 사게 되고 다시 용서받고… 이렇게 끊임없이 불순종과 용서가 반복되어 나타나는 것이 바로 성경의 비극적 역사입니다.

순종하면 열흘 걸릴 길을 불순종하는 바람에 40년이 걸려서 가나안에 들어가는 사람들이 바로 하나님의 백성들이었습니다. 예수님께서 "너희가 어린아이 같아야 하나님 나라를 갈 수 있다"고 말씀하신 것은 바로 이런 단순한 순종의 정신이 있어야 한다는 의미로 말씀하신 것입니다.

정결한 몸

레위기 12-13장은 두 장에 걸쳐 정결한 몸에 관해서 말씀하고 있습니다. 앞서 아론과 그 아들들이 제사장으로 안수를 받을 때도 그들이 가장 먼저 해야 했던 것은 온몸을 깨끗하게 씻는 일이었습니다. 그만큼 정결한 몸을 갖는 것이 중요하다는 사실을 말해줍니다.

정결한 몸을 갖기 위해서는 크게 세 가지의 것을 행하라고 말씀하셨습니다.

첫째/ 산후 1-2주 동안 몸을 깨끗이 씻어야 했습니다.

"여호와께서 모세에게 일러 가라사대 이스라엘 자손에게 고하여 이르라 여인이 잉태하여 남자를 낳으면 그는 칠일 동안 부정하리니 곧 경도할 때와 같이 부정할 것이며… 그 여인은 오히려 삼십 삼일을 지나야 산혈이 깨끗하리니 정결케 되는 기한이 차기 전에는 성물을 만지지도 말며 성소에 들어가지도 말 것이며 여자를 낳으면 그는 이 칠일 동안 부정하리니 경도할 때와 같을 것이며 산혈이 깨끗하게 됨은 육십 륙일을 지나야 하리라"(레 12:1-5).

아이를 낳은 것 자체가 부정한 것은 아닙니다. 아이를 낳는 것은 창세기 1장에서 하나님께서 명하신 "생육하고 번성하는" 일로서, 이것은 하나님께서 명하시고 인간에게 축복으로 주신 일입니다.

그런데도 아기를 낳은 여인을 부정하게 여긴 것은 출산 그 자체가 부정한 것이어서가 아니라 출산에 따르는 피의 유출 때문이었습니다. 그래서 2절에 "곧 경도할 때와 같이 부정할 것이며"라는 말씀이 있는 것입니다. 여자의 월경 때와 마찬가지로, 출산 때에 피를 흘리는 것은 생명의 근원인 피가 여자에게서 새어나가는 것으로서, 이것은 여자의 건강이 손상을 입고 생명의 위협이 되기도 하기 때문입니다. 또 건강을 해칠 수도 있습니다. 그래서 날마다 씻으라는 것입니다.

둘째/ 아들을 낳으면 8일째되는 날에 할례를 베풀어야 했습니다.

"제 팔일에는 그 아이의 양피를 벨 것이요"(레 12:3).

태어난 지 8일만에 사내아이에게 할례를 하는 것은 하나님의 백성으로서 하나님과 맺은 언약의 상징이었습니다. 신체의 일부에 영원히 남는 흔적을 남김으로써 하나님과 영원한 언약을 맺었다는 것을 나타내는 것입니다.

그런데 재미있는 것은 아이가 태어난 지 8일째 되는 날이 아이의 출혈이 제일 적고 회복이 제일 빠르다는 점입니다. 현대 의학이 이러한 사실을 밝혀낸 것은 최근의 일인데 하나님의 백성들은 이미 수천 년 전에 이것을 알고 있었습니다. 깨끗게 하는 예식입니다. 유대인들이 세운 뉴욕의 시내산 병원의 연구에 의하면 유대인 남자들은 다 포경수술(할례)을 했는데, 그래서인지 유대인 여자들에게 자궁암이 가장 적다는 것입니다.

할례를 통해 아이는 하나님의 백성으로 성별되고, 산모는 몸을 깨끗이 씻고 속죄제를 바침으로써 성별되었습니다.

셋째/ 문둥병이 있는 사람은 회중 가운데에서 격리되어야 했습니다 (레 13:2, 4, 26, 31).

"문둥 환자는 옷을 찢고 머리를 풀며 윗입술을 가리우고 외치기를 부정하다 부정하다 할 것이요 병 있는 날 동안은 늘 부정할 것이라 그가 부정한즉 혼자 살되 진 밖에 살지니라"(레 13:45-46).

피부에 병이 생기거나 문둥병이 생긴 사람은 제사장에게 보이고 그 정도에 따라 일정 기간 동안 격리를 시켜야 했습니다. 레위기에서 문둥병 환자들을 격리시키는 것은 하나님의 백성은 성결해야 한다는 사실을 강조하고 있습니다.

꼭 몸에 어떤 병이 생기거나 부정한 것을 접했을 때만 몸을 정결히 해야 하는 것은 아닙니다. 하나님을 믿는 사람들은 언제나 정결한 몸과 마음을 간직하는 사람이 되어야 합니다. 겉모습만 번듯하게 꾸미라는 것이 아니라 항상 정결한 몸을 유지해야 합니다.

우리 몸은 하나님의 성전입니다.

정결한 옷

하나님의 백성들은 의복 또한 정결해야 합니다. 14장에 보면 비싼 옷이나 새옷을 입으라고 하시지는 않았습니다. 그러나 몸을 항상 정결하게 하듯이 의복도 정결하게 해야 합니다. 자신이 할 수 있는 한 최대한의 정결한 상태를 유지해서 모든 사람들이 하나님의 사람을 구별할 수 있을 정도로 정결하게 생활해야 하는 것입니다.

"그 의복의 날에나 씨에나 무릇 가죽으로 만든 것에 색점이 여전히 보이면 복발하는 것이니 너는 그 색점있는 것을 불사를지니라 네가 빤 의복의 날에나 씨에나 무릇 가죽으로 만든 것에 그 색점이 벗어졌으면 그것을 다시 빨아야 정하리라 이는 털옷에나 베옷에나 그 날에나 씨에나 무릇 가죽으로 만든 것에 발한 문둥병 색점의 정하고 부정한 것을 단정하는 규례니라"(레

13:57-59).

부정한 것과 접촉한 사람의 옷은 정결하게 해야 했습니다. 예를 들어 피부병 환자의 옷이 오염되었으면 제사장에게 가져가 칠일간 보관하였다가 곰팡이가 퍼졌으면 불사르고, 퍼지지 않았으면 다시 깨끗이 세탁해야 합니다.

문둥병 환자였다가 정결하게 된 사람의 옷뿐만 아니라 시체를 만진 사람도 그들의 옷을 빨아야 했습니다. 옷을 빨고 몸을 씻는 것은 부정함에서 정결케 되는 대표적인 방법이었습니다.

"너희의 먹을 만한 짐승이 죽은 때에 그 사체를 만지는 자는 저녁 때까지 부정할 것이며 그것을 먹는 자는 그 옷을 빨 것이요 저녁까지 부정할 것이며 그 주검을 옮기는 자도 그 옷을 빨 것이요 저녁까지 부정하리라"(레 11:39-40).

정결한 접촉

하나님의 사람들은 또 부정한 것과 접촉해서는 안 됩니다. 공동체가 신체적이고 도덕적인 성결을 유지하는 것은 하나님의 백성으로서 대단히 중요한 일이었습니다. 그래서 이스라엘 백성들은 정한 것과 부정한 것에 대한 엄격한 주의를 기울여야 했습니다.

그래서 출산, 문둥병, 유출병, 시체, 전리품 등과 관련해서는 특별한 주의가 필요했습니다. 그러면 이스라엘 백성들의 정결을 위해서 접촉을 피해야 했던 대표적인 것들을 살펴보기로 하겠습니다.

첫째/ 전염병 환자는 부정하다고 격리되었습니다.

"이스라엘 자손에게 고하여 이르라 누구든지 몸에 유출병이 있으면 그 유출병을 인하여 부정한 자라 그 유출병으로 말미암 아 부정함이 이러하니 곧 몸에서 흘러 나오든지 그것이 엉겼든 지 부정한즉 유출병 있는 자의 눕는 상은 다 부정하고 그의 앉 았던 자리도 다부정하니…"(레 15:2-4).

부정하게 여겨지는 전염병은 옴과 문둥병, 피부병, 유출병 등인데 이러한 전염병에 걸린 환자들은 격리를 시켜야 했습니다. 그리고 이 러한 부정한 전염병에 걸린 사람, 또는 그 사람이 만진 물건과 접촉한 사람은 반드시 몸을 깨끗이 씻어야 했습니다.

둘째/ 남자의 정액이 분비되면 부정하게 여겨 씻어야 했습니다.

"설정한 자는 전신을 물로 씻을 것이며 저녁까지 부정하리라 무릇 정수가 묻은 옷이나 가죽은 물에 빨 것이며 저녁까지 부 정하리라 남녀가 동침하여 설정하였거든 둘 다 물로 몸을 씻을 것이며 저녁까지 부정하리라"(레 15:16-18).

피, 정액 등 성적인 것이나 생명과 관계된 것이 유출되는 것은 부정 한 것으로 여겨졌습니다. 설정을 한 남자는 몸을 씻어야 했습니다. 여 자도 몸을 씻어야 했습니다.

셋째/ 여자의 월경혈도 부정한 것이어서 몸을 씻어야 했습니다.

"어떤 여인이 유출을 하되 그 유출이 피면 칠일 동안 불결하니 무릇 그를 만지는 자는 저녁까지 부정할 것이요 그 불결할 동안에 그의 누웠던 자리는 다 부정하며 그의 앉았던 자리도 다 부정한즉 그 침상을 만지는 자는 다 옷을 빨고 물로 몸을 씻을 것이요 저녁까지 부정할 것이며"(레 15:19-21).

이렇게 부정한 것과 접촉을 했을 때에는 몸을 정결케 하고 대속 제물을 바쳐야 했습니다. 부정한 것에서 정결하게 되기 위해서는 산 비둘기 둘이나 집비둘기 새끼 둘을 속죄죄와 번제로 드려야 했습니다.

"그는 제 팔일에 산비둘기 둘이나 집비둘기 새끼 둘을 자기를 위하여 취하여 회막 문 앞 제사장에게로 가져올 것이요 제사장은 그 하나는 속죄제로, 하나는 번제로 드려 유출로 부정한 여인을 위하여 여호와 앞에 속할지니라"(레 15:29-30).

레위기의 전체 주제는 거룩하신 하나님께서 자기의 선택한 거룩한 백성들이 하나님의 거룩한 방법에 따라 거룩한 삶을 살도록 요구하신다는 것입니다. 단지 몸과 의복뿐만이 아니라 그 사람이 말하는 것도 정결하고 거룩해야 합니다.

하나님의 백성들은 기왕이면 부드럽고 따뜻한 말을 사용해야 합니다. 영어 성경에 보면 "소금을 쳐서 아주 맛있게 만든 음식 같은 말을 하라"고 되어 있습니다. 생활하는 모든 면에서 다른 사람들과는 구별되는 정결한 하나님의 백성으로 살기를 하나님은 원하시는 것입니다.
이것이 15장의 일관된 메시지입니다.

그러나 신약시대에 오면 정결한 음식이다, 부정한 음식이다 하는 것들이 다 없어집니다. 신약에서는 정결한 것과 부정한 것은 대부분 사람의 영적 상태와 관련이 있습니다. 구약의 정한 것과 부정한 것에 대한 의식들은 여전히 지켜졌지만 그러나 예수님은 사람을 부정하게 하는 것은 바깥에 있는 것이 아니라 그 사람 속에 있다고 말씀하셨습니다.

"무리를 다시 불러 이르시되 너희는 다 내 말을 듣고 깨달으라 무엇이든지 밖에서 사람에게도 들어가는 것은 능히 사람을 더럽게 하지 못하되 사람 안에서 나오는 것이 사람을 더럽게 하는 것이니라 하시고"(막 7:14-16).

그러나 레위기 11장에서 15장에 나타나는 기본적인 원리는 구약시대나 신약시대나 동일하게 적용되는 것입니다. 다만 물질적인 것이 그 사람을 더럽히는 것이 아니기 때문에 예수님께서 물질에 대한 정, 부정의 구분을 없애신 것이지, 하나님의 백성들이 정결하게 살아야 한다는 기본적인 생각이 바뀐 것은 아닙니다.
구약의 시대에나 신약의 시대에나 오늘날의 시대이거나 **하나님의 사람들이 하나님의 성품을 닮아 정결하고 거룩한 생활을 해야 한다는 것은 변함없는 하나님의 명령**입니다.

제 6 장

국민적 속죄절

"…너희는 영원히 이 규례를 지킬지니라 칠월 곧 그 달 십일에 너희는 스스로 괴롭게 하고 아무 일도 하지 말되 본토인이든지 너희 중에 우거하는 객이든지 그리하라 이 날에 너희를 위하여 속죄하여 너희로 정결케 하리니 너희 모든 죄에서 너희가 여호와 앞에 정결하리라 이는 너희에게 큰 안식일인즉 너희는 스스로 괴롭게 할지니 영원히 지킬 규례라 그 기름 부음을 받고 위임되어 그 아비를 대신하여 제사장의 직분을 행하는 제사장은 속죄하되 세마포 옷 곧 성의를 입고 지성소를 위하여 속죄하며 회막과 단을 위하여 속죄하고 또 제사장들과 백성의 회중을 위하여 속죄할지니 이는 너희의 영원히 지킬 규례라 이스라엘 자손의 모든 죄를 위하여 일년 일차 속죄할 것이니라 아론이 여호와께서 모세에게 명하신 대로 행하니라"(레 16:1-34).

국민적 속죄절

레위기 16장에는 속죄제를 드리는 모습이 나옵니다. 이것은 일년에 한 번 대제사장이 드리는 제사로서, 모든 이스라엘 백성들의 죄를 덮는 제사였습니다. 속죄일은 이스라엘의 절기 중에서 유일하게 금식일이었습니다.

속죄일은 히브리어로 '욤 킵푸르'(Yom Kippur)라고 합니다. 우리 말로 직역하면 '덮음의 날'이란 의미입니다. 이 속죄일은 히브리월로 7월인 티쉬리(Tishri)월 10일인데, 오늘날은 10월 10일에 해당하는 날입니다. 또, 히브리말로 '속죄'는 '카파르'인데 이 말은 영어의 '커버'(cover)라는 단어와 발음과 의미가 아주 비슷합니다. 두 가지 모두 다 '덮는다'는 뜻입니다. 즉 다시 말해, 속죄일은 하나님께서 이스라엘 백성들의 모든 죄를 다 '덮어주시는' 날입니다.

따라서 속죄제를 비롯한 모든 희생 제사 중심은 인간의 모든 죄에 대한 속죄에 있었고, 이것은 궁극적으로 십자가에서 속죄제물로 죽으심을 통해 모든 인간의 죄를 대속하신 그리스도에게로 초점이 맞추어져 있습니다.

그러면 지금부터 속죄일의 특징에 대해 하나씩 살펴보기로 합시다.

첫째/ 그날은 국가적인 속죄일이었습니다.

"너희는 영원히 이 규례를 지킬지니라 칠월 곧 그 달 십일에
너희는 스스로 괴롭게 하고 아무 일도 하지 말되 본토인이든지
너희 중에 우거하는 객이든지 그리하라 이 날에 너희를 위하여
속죄하여 너희로 정결케 하리니 너희 모든 죄에서 너희가 여호
와 앞에 정결하리라 이는 너희에게 큰 안식일인즉 너희는 스스
로 괴롭게 할지니 영원히 지킬 규례라 그 기름 부음을 받고 위
임되어 그 아비를 대신하여 제사장의 직분을 행하는 제사장은
속죄하되 세마포 옷 곧 성의를 입고 지성소를 위하여 속죄하며
회막과 단을 위하여 속죄하고 또 제사장들과 백성의 회중을 위
하여 속죄할지니 이는 너희의 영원히 지킬 규례라 이스라엘 자
손의 모든 죄를 위하여 일년 일차 속죄할 것이니라 아론이 여
호와께서 모세에게 명하신 대로 행하니라"(레 16:29-34).

속죄일은 일 년에 한 번 있는 국가적 절기였습니다. 그러므로 여기
에는 본토인이나 나그네이거나 구분이 없었습니다. 속죄일은 이스라
엘 자손이 여호와의 거룩하심과 자신들의 죄를 생각하며 일주일동안
금식하고 용서를 받는 날입니다. 국민이나 정부나 온 국가가 정기적
으로 하나님의 용서를 체험하는 일은 전 국민의 영적, 정신적 건강에
대단히 유익할 것입니다.

오늘날 그리스도를 통한 대속의 은혜로 말미암지 않고는 아무도 구
원을 얻을 사람이 없는 것처럼, 이 당시에도 속죄일의 속죄제를 통해
죄를 속함 받지 않아도 될 사람은 한 사람도 없었습니다.

둘째/ 대제사장은 오직 일년에 한번 속죄일에 지성소에 들어갈 수 있었습니다.

"여호와께서 모세에게 이르시되 네 형 아론에게 이르라 성소의 장안 법궤 위 속죄소 앞에 무시로 들어오지 말아서 사망을 면하라 내가 구름 가운데서 속죄소 위에 나타남이니라 아론이 성소에 들어오려면 수송아지로 속죄 제물을 삼고 수양으로 번제물을 삼고 거룩한 세마포 속옷을 입으며 세마포 고의를 살에 입고 세마포 띠를 띠며 세마포 관을 쓸지니 이것들은 거룩한 옷이라 물로 몸을 씻고 입을 것이며 이스라엘 자손의 회중에게서 속죄 제물을 위하여 수염소 둘과 번제물을 위하여 수양 하나를 취할지니라"(레 16:2-5).

속죄제를 드리기 위해서는 먼저 제사장 자신을 위해서 수송아지를 제물로 삼고, 수양으로 번제물을 삼아 자신을 위한 속죄를 해야 했습니다. 대제사장조차도 특별한 의식을 행하지 않고서는 아무 때나 지성소에 들어갈 수 없었습니다. 그래서 대제사장은 지성소에 들어가 하나님께 이스라엘 백성들의 죄를 속죄하기 위한 속죄제를 드리기 전에 먼저 자기 자신부터 속죄해야 했습니다.

그리고 대제사장이 지성소에 들어갈 때는 허리에 줄을 묶고 들어갔습니다. 만약 대제사장이 하나님 앞에 속죄하지 못한 죄가 있어 하나님의 노여움으로 지성소 안에서 죽임을 당할 경우, 아무도 대제사장을 데리고 나올 수가 없으므로 만약의 경우에는 그 줄을 당겨 대제사장을 끌어낼 수 있도록 한 것입니다.

다른 절기 때에는 대제사장은 하나님의 대리인으로서, 하나님과 사람 사이의 중개자로서 권위의 상징인 에봇을 입었지만, 속죄일만큼은 대제사장도 하나님 앞에서는 한 사람의 죄인에 불과했습니다. 그래서 속죄일에는 대제사장도 에봇이 아닌 세마포 옷을 입었습니다. 옷 깃에는 작은 종을 달아서 대제사장이 움직이는 소리를 들을 수 있었습니다.

오늘날도 마찬가지입니다. 하나님 앞에는 한 사람도 의로운 사람이 없습니다. 그래서 바울 사도는 로마서에서 "의인은 없나니 한 사람도 없도다"라고 말씀하고 있는 것입니다. 하나님 앞에서는 모든 사람이 죄인입니다. 우리의 대제사장이신 예수 그리스도께서 우리의 죄를 대속해주시기 전에는 모든 사람이 하나님 앞에서 죄인의 모습으로 서게 됩니다.

셋째/ 속죄일에는 속죄 염소 위에 안수하여 죄를 전가시키고 염소를 광야에 있는 죄의 창시자인 아사셀에게 돌려보내었습니다.

"아론은 자기를 위한 속죄제의 수송아지를 드리되 자기와 권속을 위하여 속죄하고 또 그 두 염소를 취하여 회막 문 여호와 앞에 두고 두 염소를 위하여 제비 뽑되 한 제비는 여호와를 위하고 한 제비는 아사셀을 위하여 할지며 아론은 여호와를 위하여 제비 뽑은 염소를 속죄제로 드리고 아사셀을 위하여 제비 뽑은 염소는 산 대로 여호와 앞에 두었다가 그것으로 속죄하고 아사셀을 위하여 광야로 보낼지니라"(레 16:6-10).

제사장은 두 염소를 취하여 한 마리는 여호와를 위해서 다른 한 마리는 아사셀을 위해서 제비를 뽑아, 아사셀을 위해서 뽑힌 염소 위에 손을 얹어 죄를 고백하는 것으로 모든 죄를 염소에게 전가시키고, 그 염소를 죄를 만들어낸 광야의 마귀 아사셀에게 돌려보내는 예식을 거행했습니다. 그래서 그 염소를 '아사셀의 염소'라고 합니다. 아사셀은 사탄에 대한 칭호 가운데 하나입니다.

그리고 난 다음에는 아론은 자기와 권속들을 위하여 수송아지를 잡아 속죄하고, 또 수송아지의 피를 취해서 속죄소의 동편과 앞에 바르고 뿌리는 예식을 거행합니다. 이것은 짐승의 피로 사람들의 죄를 덮고 하나님과 다시 하나가 되었다는 것을 의미합니다.

속죄일의 의미

속죄제는 일 년에 한 번 거행하는 아주 중요한 예식이었습니다. 대제사장이 온 백성의 죄를 다 사하고 덮어버렸다는 것을 선포하는 날이었습니다. 이 날이 되면 유대인들은 일주일을 금식하고 쉬었습니다. 지금도 유대인들이 살고 있는 나라의 대도시는 거의 모든 상가들이 문을 닫습니다.

한 번의 행사로 인해서 전 국민의 모든 죄가 다 사해졌다고 선언하는 것은 현실적인 효력의 문제를 떠나서 아주 바람직한 일이라고 생각됩니다. 일 년 동안 각 사람들이 범죄한 것들이 사해졌다고 생각하면 지나간 시간들은 모두 잊게 되고 다시 새 마음으로 하나님을 섬기게 되고 새로운 생각을 하면서 살 수 있게 될 것입니다.

이미 지나간 잘못들에 매어 있지 않고 새 생활을 다시 시작하게 되는 데에 아주 분명한 획을 긋게 되지 않겠습니까?

보통 사람들은 아주 큰일이 아니면 자신이 저지른 범죄를 잊기 쉽습니다. 회개하고 싶은 마음이 있어도 기억이 나지 않아서 회개하지 못하는 경우가 얼마나 많은지 모릅니다. 우리의 잘못 가운데 대부분은 잊어버렸습니다.

그런데 죄를 짓고 회개하지 않으면 죄를 지었다는 사실을 잊어버리시만, 그 죄로 인한 죄의식은 남아 있게 됩니다. 그런 것들이 자꾸 쌓이게 되면 무의식을 자극해서 자기 자신도 모르게 불안과 초조가 의식을 지배하게 되는 것입니다. 그러면 생활의 전반에 걸쳐 부정적인 영향을 미치게 됩니다.

그런데, "잊어서 회개하지 못한 것까지 모두 사함을 받았다"는 선언을 들으면 그 날로부터 자기가 지은 죄에서 해방이 되는 것입니다. 그리고 그 때의 영적인 해방감과 정신적인 해방감은 그 국민으로 하여금 자유로움을 느끼게 하고 신선함을 갖게 해서 그 나라를 이끌고 나가는 원동력이 됩니다. 그래서 저는 이 제도가 아주 의미있는 제도라고 생각하고 있습니다.

속죄일은 우리 죄를 대속하기 위해서 죽으신 그리스도를 믿음으로 단번에 죄사함을 받는 것을 상징하는 예식이라고 할 수 있습니다.

예수님께서는 짐승을 대신하여 바치지 않고 스스로 자기 자신을 제물로 바침으로서 구속의 역사를 이루셨습니다. 그리스도께서 십자가에서 피 흘리며 죽으심으로 인하여, 누구든지 그 예수 그리스도의 피를 자기 영혼에 바르는 사람은 그것으로 모든 죄를 용서받게 됩니다. 그로 인하여 얻는 자유로움과 해방감으로서는 더이상의 좋은 의식을 찾을 수는 없습니다. **예수 그리스도를 말미암아 하나님께서는 우리를 의롭다고 선포하십니다.**

짐승으로 그 죄를 대속하게 했던 것은 그것에 실제적인 효력이 있어서 그런 것이 아닙니다. 어떻게 짐승의 피로 인간의 죄가 사하여질 수 있겠습니까? 단지 사람들에게 상징적인 행위를 보여줌으로서 위안과 평안을 주고자 했던 것입니다. 그래서 그러한 대속제는 해마다 시행해야 하는 것이었습니다.

그러나 예수 그리스도의 피는 한 번 흘리신 것으로 인하여 시간과 공간을 초월해서 모든 사람들에게 영원한 효력을 발휘합니다. 한 번의 사건으로 완전하게 결말을 보신 것입니다.

저는 이 대속절을 생각할 때마다 송구영신 예배를 연관 짓게 되고, 또 그 개념을 사용하기도 합니다. 한 해를 보내고 다시 한 해를 맞이하는 순간에 드리는 예배에서 우리는 하나님 앞에 한 해 동안 지은 모든 죄를 다 그리스도의 보혈의 피로 다 덮고, 다시 새로운 마음으로 새해를 맞게 됩니다.

그래서 우리 교회의 송구영신 예배에서는 자정이 되기 전에 한 해 동안 지은 모든 죄를 회개하게 하고 자정이 지나면 교인들에게 요한일서 1장 9절의 말씀을 읽어 줍니다.

"우리가 우리 죄를 자백하면 저는 미쁘시고 의로우사 우리의 죄를 사하시고 우리를 모든 불의에서 구하여 내실 것이라.”

이 말씀을 읽어 주고 하나님께서 그리스도의 피로 말미암아 자백한 모든 죄를 사하셨다고 선포합니다. 제가 대제사장 아론은 아니지만 예수 그리스도의 속죄의 피에 근거해서 선포하는 것입니다. 저는 이 때를 목회자로서 가슴 벅찬 순간으로 생각합니다.

그리고나서 교인들의 눈길을 보고, 기도하는 모습을 보면 선포하기 전과 많이 달라져 있다는 것을 쉽게 발견하고 느낄 수 있습니다.

자신에게 있는 죄를 하나님 앞에서 모두 사함 받았다는 확신을 가지지 못하기 때문에 한 번 죄를 지은 것을 가지고 평생을 고민과 어두움에 싸여 사는 사람들이 있습니다.

그 사람들에게는 그저 관념적인 말로만 “당신의 죄를 예수 그리스도께서 다 사하셨습니다” 하는 것보다는, 구체적으로 그리고 확실하게 “그리스도의 흘린 피가 당신의 어떤 죄를 사하기 위한 것이었다” 고 선언해 주면 그 사람은 평생을 괴롭힐 죄의식에서 놓여날 수 있게 되는 것입니다.

과거로 인하여 현재와 미래의 삶이 영향을 받고 그 어두운 그늘 아래서 벗어나지 못한다는 것은 불행한 일이 아닐 수 없습니다. 그런데 이렇게 대속과 죄사함을 받아서 과거에서 해방될 수 있다는 것은 예수 그리스도만이 우리에게 베푸실 수 있는 귀중한 선물이 아닐 수 없습니다.

따라서 과거의 문제를 가지고 현재와 미래를 소홀하게 생각하고 성실하지 못하게 살아간다는 것은 믿음을 가지고 사는 사람의 태도라고 할 수 없는 것입니다. 지나간 모든 것에 대해서는 이미 예수 그리스도께서 책임을 지셨기 때문에 우리는 앞에 놓인 푯대만을 바라보면서 달려가야 합니다.

과거에 자신이 가졌던 화려함이나 어두움에 갖혀서 자신이 지금 해야 할 바를 소홀히 여기는 삶은 그리스도인으로서 당연히 경계해야 하는 것입니다. 우리를 괴롭히고 절망과 어둠으로 유혹하는 과거와 현재와 미래의 사탄은 예수 그리스도의 한 번 죽으심으로 말미암아 이미 정복된 것입니다.

하나님의 말씀을 현실에 적용하고 선포하는 것은 단순한 이론과 관념을 넘어서 이렇게 구체적이고 선언적인 것이 되어야 합니다. 그래서 예배 때는 물론이고, 기회가 있을 때마다 대속의 의미를 자신과 연관지어서 죄사함을 선포하는 일은 목회적으로 아주 중요한 의식이 됩니다.

자기 생활 가운데서 용서받은 기쁨과 감사를 누리게 되는 것은 얼마나 가슴 벅찬 일인지 모릅니다. 이로 인하여 날마다 새로운 주의 인자하심을 체험하는 것입니다.

이스라엘 백성들은 이렇게 속죄일을 지킴으로서 하나님의 백성들로 새로워졌던 것입니다.

제 7 장

나의 규례를 지키라

"…여호와께서 모세에게 일러 가라사대 너는 이스라엘 자손에게 고하여 이르라 나는 여호와 너희 하나님이라 너희는 그 거하던 애굽 땅의 풍속을 좇지 말며 내가 너희를 인도할 가나안 땅의 풍속과 규례도 행하지 말고 너희는 나의 법도를 좇으며 나의 규례를 지켜 그대로 행하라 나는 너희의 하나님 여호와니라 너희는 나의 규례와 법도를 지키라 사람이 이를 행하면 그로 인하여 살리라 나는 여호와니라"(레 17:1-18:30).

나의 규례를 지키라

성스러운 피

지금까지 우리는 거룩하신 하나님 앞에 나아가는 방법에 대해 살펴보았습니다. 그 방법에는 희생제물을 통하여 접근하는 방법과, 하나님과 사람 사이의 중재자인 제사장을 통하여 접근하는 방법, 정결을 통해서 접근하는 방법, 그리고 속죄일을 통해 접근하는 방법에 대하여 살펴보았습니다.

이제부터 살펴보게 될 레위기 17장에서 27장은 거룩한 삶의 방법, 다시 말해 생활에서 거룩하게 될 수 있는 구체적인 예배의 규범과 방법들이 나열되어 있습니다. 17장은 여러 가지 율례에 대해서, 18장에서 22장은 윤리의 기준에 대해서, 23장에서 25장은 절기에 대해서, 26장은 축복과 저주에 대해서, 그리고 마지막으로 27장에서는 맹세에 대해서 말씀하고 있습니다.

그러면 지금부터는 17장 말씀을 살펴보도록 합시다. 17장 전체의 주제는 11절로 요약될 수 있습니다.

"육신의 생명은 피 안에 있음이라 내가 이 피를 너희에게 주어 단에 뿌려 너희 생명을 위하여 속하게 하였나니 생명이 피에 있으므로 피가 죄를 속하느니라."

11절은 피의 성스러움과 거룩함에 대한 이유를 설명하고 있습니다. 결국은 예수 그리스도의 흘리신 피가 기독교의 중심이 되는 이유도 여기 있습니다.

같은 기독교의 목사님들 중에도 자유주의 신학을 하시는 분들은 복음주의가 피를 강조한다고 해서 보수 기독교인들을 '피투성이의 기독교를 믿는 사람들'이라고 비방하면서 빈정대기도 합니다. 그리고 "예수의 피밖에 없네"라는 말을 아주 기분 나쁘게 생각하는 사람들도 있습니다.

그러나 하나님께서는 말씀하십니다.

"생명은 피 안에 있다."

우리 육체의 생명은 피 안에 있습니다. 그래서 전통적인 기독교는 피를 그렇게 중요시했던 것입니다. 특별히 예수 그리스도의 피 흘리심은 구속과 구원의 피흘림이었기 때문에 더욱 중요했습니다.

이것은 아무리 강조해도 지나침이 없는 것입니다. 따라서 그리스도의 피를 강조한다고 해서 '피투성이의 종교'라고 비난하는 것은 성경을 하나님의 말씀으로 믿는 사람의 자세로 볼 수 없습니다.

이러한 피에 대한 성스러움을 상징적으로 나타내기 위해서 하나님께서는 피를 먹는 것을 금하셨습니다.

"무릇 이스라엘 집 사람이나 그들 중에 우거하는 타국인 중에 어떤 피든지 먹는 자가 있으면 내가 그 피 먹는 사람에게 진노하여그를 백성중에서 끊으리니 육체의 생명은 피에 있음이라 내가 이 피를 너희에게 주어 단에 뿌려 너희의 생명을 위하여 속하게 하였나니 생명이 피에 있으므로 피가 죄를 속하느니라 그러므로 내가 이스라엘 자손에게 말하기를 너희 중에 아무도 피를 먹지 말며 너희 중에 우거하는 타국인이라도 피를 먹지 말라 하였나니"(레 17:10-12).

미국의 M.R. 디한이라는 목사님이 쓰신 책에 『피의 화학』(Chemistry of The Blood) 이라는 책이 있습니다. 이 분은 본래 의사였던 분으로 나중에 목회자가 되신 분입니다. 다혈질인 성격 때문에 목회에는 실패했지만 방송을 통한 성경 강해는 아주 인기가 있어 유명하셨던 분입니다.

그런데 그 분은 예수님의 피를 너무 중요하게 생각한 나머지 성경에도 없는 이야기를 상상해서 책을 썼습니다. "예수님의 피는 너무 중요한 것이라서 예수님께서 십자가에서 흘린 그 귀한 피를 한 방울도 잃어버린 것이 없이 다 담아다가 하나님 앞에 드렸다"는 것입니다.

그래서 지금도 하늘에는 그릇에 담긴 예수님의 피가 있다는 것입니다. 좀 지나친 이야기입니다. 그러나 그렇게 이야기할 만큼 예수님의 피를 보혈의 피로 생각했던 것입니다.

유월절에 이스라엘 백성들의 목숨을 구한 것은 문설주에 발랐던 어린 양의 피였습니다. 오늘날 우리를 구원하는 것도 역시 십자가 위에서 흘리셨던 어린 양 예수 그리스도의 피입니다.

기독교는 피의 종교입니다. 예수님의 피를 통해 구원이 성취됐고, 수많은 선교사와 순교자들이 흘린 피를 통해 복음이 전해졌습니다. 그러므로 생명의 근원이요, 구원의 상징인 피가 중요시되는 것은 당연한 일입니다. 예수의 흘리신 피는 우리의 더러운 죄를 다 씻어 우리를 영원히 정결케 합니다.

도덕적 규범들

레위기 18장은 하나님의 백성들의 삶의 특징을 이야기하고 있습니다. 하나님의 백성은 불신자들과는 달라야 한다는 것이 근본적인 하나님의 생각이기 때문에 하나님은 자기 백성들이 지켜야 할 세밀한 도덕적인 규범을 세워 놓으셨습니다.

하나님을 믿는 백성들과 믿지 않는 백성들 사이에는 흑과 백의 구분처럼 명백한 구분이 있어야 합니다. 현실적으로는 그렇게 갈라질 수 없는 것이지만 하나님께서 애초에 정해 놓으신 것은 무엇인가 달라도 달라야 한다는 것입니다.

세상에서 믿는 사람들의 삶은 회색에 가까운 삶입니다. 완전히 흰색이나 완전한 검은색을 띠기는 어렵습니다. 실제적인 통계조사에서도 그런 결과가 나왔습니다. 하나님을 믿는 사람이라고 해서 믿지 않는 사람들과 뚜렷하게 대조되는 차별점이 있는 것은 아닙니다.

그러나 그럼에도 불구하고 하나님을 믿는 사람들에게는 말을 하지 않아도 믿는 사람의 분위기가 나는 것이 있습니다. 저도 그런 사람들을 많이 만났습니다. 아무런 이야기를 하지 않았는데도 왠지 하나님을 믿는 사람인 것 같은 느낌이 들어서 물어보면 그 사람도 저에게 그런 분위기를 느꼈다고 합니다.

이런 것이 바로 자신도 모르는 사이에 배어 있는 그리스도의 향기일 것입니다. 자연스러운 가운데 드러나는 예수님의 모습이 진짜 믿는 사람의 모습인 것입니다.

레위기 18장은 거룩한 백성으로 살아야 할 몇 가지의 도덕적 규범들을 말씀하고 있습니다. 하나님은 거룩한 하나님의 백성으로서 다음과 같은 삶을 살라고 명하십니다.

첫째/ 이방인과 다른 삶을 살라

이제까지는 겉모습의 정결함을 강조했지만 이제는 도덕적이고 정신적인 정결함을 말씀하고 있습니다. 하나님의 백성들은 겉으로 드러나는 것은 물론이고 다른 백성들과 엄격하게 다른 기준을 가지고 살아가야 합니다.

하나님께서 18장 2, 3절에서 이스라엘 백성들에게 말씀하셨습니다.

"너는 이스라엘 백성에게 고하여 이르라 나는 여호와 너희 하나님이라 너희는 그 거하던 애굽 땅의 풍속을 좇지 말며 내가 너희를 인도할 가나안 땅의 풍속과 규례도 행하지 말고."

하나님께서는 지나온 애굽 땅이나 앞으로 들어갈 가나안 땅의 풍속을 절대로 좇지 말라고 말씀하십니다. 그들이 행하고 있는 규범은 하나님의 규범이 아니라는 것입니다.

로마서 12장에서도 이 세상을 본받지 말라고 당부합니다.

> "너희는 이 세대를 본받지 말고 오직 마음을 새롭게 함으로 변화를 받아 하나님의 선하시고 기뻐하시고 온전하신 뜻이 무엇인지 분별하도록 하라"(롬 12:2).

세상은 우리로 하여금 그들을 닮게 하려고 시시각각 유혹합니다. 보고 듣고 하는 것늘이 대무문의 세상 섯늘이기 때문에 그것을 좇아가지 않는다는 것은 대단히 어려운 일입니다. 세상에 속해 있으면서 세상을 따라가지 않는다는 것은 아주 대단한 결단이 따르지 않으면 안 되는 일입니다. 남들이 다 누리는 문화 수단을 누리지 않으면서 그 사람들과 함께 생활한다는 것은 자신만 외따로 떨어져 생활하는 것 같은 외로움이 따르는 것입니다. 그러나 하나님의 자녀는 세상이 제시하는 악한 삶의 방법을 따르지 않습니다.

레위기 18장에는 "나는 너희 하나님 여호와라" 하는 말이 계속해서 나옵니다. 우리가 속한 곳이 어디라고 하는 것을 일깨워 주시는 것입니다.

> "너희는 나의 법도를 좇으며 나의 규례를 지켜 그대로 행하라 나는 너희의 하나님 여호와니라 너희는 나의 규례와 법도를 지키라 사람이 이를 행하면 그로 인하여 살리라 나는 여호와니라"(레 18:4-5).

자신의 소속이 어디인지를 알아야 어디에 서야 하며 어디로 가야 하는가를 알 수 있습니다. 하나님께선 한 마디 말씀을 하실 때마다 "나는 너희 하나님 여호와니라" 하는 말씀을 하시면서 이스라엘 백성들이 어디에 속해 있는가 하는 것을 잊지 않도록 하셨습니다.

자기가 어디에 속한 자인지 아는 사람들은 말하고 행동하는 것이 다를 수밖에 없습니다. 하나님께 속한 자는 하나님께 적합한 자로 행동하기 때문입니다. 이런 사람의 삶은 하나님이 어떤 분인지를 나타내 보입니다.

우리 나라에서 사업을 하려면 거쳐야 하는 아주 나쁜 관행이 하나 있습니다. 바로 뇌물입니다. 어디서든 이것이 없으면 계약을 성사시키기가 어렵다고 합니다.

그런데 하루는 저희 교회에 다니는 집사님 한 분이 말씀하시기를, "목사님 설교를 듣고 이제부터는 정당한 절차를 통해서만 사업을 하겠습니다"라고 선언을 했습니다. 잘 할 자신이 있어서 그런 것도 아니고 걱정이 많이 되었지만 옳은 방법으로 살기 위해서 시도 해보겠다는 결심을 한 것입니다.

그래서 그 다음날부터 실천에 옮겼습니다.

첫번째 계약을 맺게 되었는데 당연히 그래왔던 것처럼 상대방이 뇌물을 기대했습니다. 그래서 그 분은 "나도 이제까지는 그런 방법으로 일해 왔지만 이제부터는 그리스도인으로서 옳게 살기 위해서 그렇게 하지 않겠으니 양해해 달라"고 간청을 했습니다. 그랬더니 상대방이 "나도 천주교회를 다니고 있는데 아주 멋있는 결정을 하셨다"고 하면서 그 자리에서 계약을 해 주었다고 했습니다. 그 분은 대단히 기뻤습니다. 그리고 하나님께 감사를 드렸습니다.

그런데 두번째 계약을 맺으러 간 곳에서는 그 이야기를 듣자마자 화를 벌컥 내고 "당신만 잘났냐?"고 하면서 계약을 그만 두라고 해서 성사시키지 못했는데, 알고 보니까 그분이 어느 교회의 안수집사였다고 합니다.

믿는 사람들이 믿지 않는 사람들과 똑같은 생각을 가지고 똑같이 행동을 하니 이 세상이 어떻게 좋아지겠습니까? 그래도 이 분은 낙심하지 않고 계속해서 자신의 소신과 결심을 밀고 나가고 있습니다. 그래서 어려움 가운데에서도 성공을 거두고 있습니다.

겉으로 보기에는 다른 사업가와 별로 다른 것이 없는 사람인데 하나님의 거룩하심을 따라 거룩하게 살려고 노력을 하고 부인에게도 늘 기도해 달라고 부탁하면서 일을 하니까 무언가가 다른 것입니다.

'내 백성인 너희를 제사장의 나라를 만들고 거룩한 백성을 만들겠다'는 것이 하나님의 일관된 생각입니다. 그래서 하나님의 백성은 생각하는 것도 다르고 말하는 것도 다르고 행동하는 것은 물론이요 옷을 입는 방법도 달라야 한다고 말씀하십니다.

순간적으로 하는 거짓말도 유전이 될 정도로 강한 전파력을 가지고 있습니다. 아브라함이 75년 전에 아내를 누이라고 한 거짓말을 이삭이 그대로 아비멜렉에게 하지 않았습니까? 부전자전입니다. 경건한 삶을 전해 주어야 합니다.

이것은 믿는 사람들에게 도전이 되는 문제입니다. 하나님의 대제사장이 되어야 할 백성들이 거룩하지 못하다면 누가 그 일을 맡을 수 있겠습니까?

거룩한 나라를 만드는 것은 믿는 사람들의 책임입니다.

미국과 캐나다의 신학회에서 5천 명을 대상으로 조사를 한 것이 있었습니다. 그 내용은 "교인들이 목사들에게 원하는 자질은 무엇입니까?"라는 것이었습니다.

대답의 첫번째는 '겸손함'이었습니다. 두번째는 '정직'이었습니다. 제사장의 나라를 만들기 위해서 최선봉에 서야 할 사람이 목회자인데, 그 목회자들에게 바라는 것이 겸손과 정직이 없으면 일반 성도들을 어떻게 거룩하게 인도할 수 있겠습니까?

지도자들부터 반성을 해야 합니다. 교계는 물론이고 다른 집단도 마찬가지입니다. 어려운 일일수록 앞에 선 사람이 모범을 보여야 하지 않겠습니까?

윗사람이 본을 보이는 것이 중요합니다. 나라에서는 대통령이, 회사에서는 사장과 간부들이, 학교에서는 선생님이, 말뿐이 아니라 행동으로 거룩한 삶을 보여주어야 합니다.

둘째/ 거룩한 결혼 생활을 하라

그 다음 18장의 내용은 결혼 생활의 순결함입니다. 성적, 도덕적인 생활의 순결과 결혼 생활의 재정립을 말하는 것입니다. 결혼에는 분명히 지켜야 할 것들이 있습니다.

"너는 여인이 경도로 불결할 동안에 그에게 가까이하여 그 하체를 범치 말지니라 너는 타인의 아내와 통간하여 그로 자기를 더럽히지 말지니라"(레 18:19-20).

결혼 생활에서 지켜야 할 것은 당연히 부부 상호간의 정결입니다. 그것은 부부 외의 다른 사람과는 관계를 맺지 않는 것이며, 또한 부부 관계에 있어서도 서로를 위한 절제가 필요하다는 것입니다.

셋째/ 근친간의 결혼을 하지 말라

사람이 타락을 하면 두 가지 특징이 나타나게 되어 있습니다. 첫번째로 나타나는 것이 성적인 타락입니다. 8절에서 18절을 보면 아주 끔찍한 이야기들이 나오는데 특별히 근친간의 결혼과 성관계를 금지하고 있습니다.

"너희는 골육지친을 가까이하여 그 하체를 범치 말라 나는 여호와니라"(레 18:6).

18장은 근친간에 성적인 관계를 금지하고 있습니다. 근친간 결혼은 기형아를 출산할 가능성이 높습니다. 근친간의 결혼이 우성보다는 열성인자를 강하게 나타내 후손에 이를수록 기형아가 나올 가능성이 많다는 것은 이미 과학적으로 증명된 사실입니다.

넷째/ 우상을 숭배하지 말라

하나님이 가장 가증스럽게 여기시는 것이 바로 우상을 숭배하는 것입니다. 이것이 타락의 두번째 특징입니다. 피조물을 창조주보다 더 중요시 여기는 일입니다.

"너는 결단코 자녀를 몰렉에게 주어 불로 통과케 말아서 네 하나님의 이름을 욕되게 하지 말라 나는 여호와니라 너는 여자와 교합함 같이 남자와 교합하지 말라 이는 가증한 일이니라 너는 짐승과 교합하여 자기를 더럽히지 말며 여자가 된 자는 짐승 앞에 서서 그것과 교접하지 말라 이는 문란한 일이니라"(레 18:1-23).

이 말씀은 특별히 몰렉 우상 숭배와 관련된 말씀입니다. 우상숭배는 하나님을 중요하게 여기지 않는 것입니다.

그러나 이방인들은 물론이고 이스라엘 백성들도 타락을 하면 근친을 가리지 않는 성적인 방종과 함께 하나님을 잊고 우상을 숭배하는 일이 발생했습니다.

가나안 종교의 예배 형식 중에는 입에 담지 못할 의식들이 들어 있습니다. 자식을 불에 태우고, 여자이면 어떤 여자이든지 가리지 않고, 남자도 어떤 사이인지를 가리지 않고 성적인 관계를 하는 것이 그들의 예배행위였습니다. 그뿐이 아니었습니다. 동성간의 관계나, 심지어는 짐승과의 성관계까지 성행하게 되었던 것입니다.

로마서 1장 28~32절에 보면 하나님을 알면서도 하나님으로 섬기지 않으니까, 인간으로서 하지 말아야 할 일들을 서슴없이 하게 된다고 말씀하고 있습니다.

"이를 인하여 하나님께서 저희를 부끄러운 욕심 가운데 내어
버려 두셨으니 곧 저희 여인들로 순리대로 쓸 것을 바꾸어 역
리로 쓰고 이와 같이 남자들도 순리대로 여인쓰기를 버리고 서
로 향하여 음욕이 불일듯하매 남자가 더불어 서로 부끄러운 일
을 행하여 저희의 그릇됨에 상당한 보응을 그 자신에게 받았느
니라"(롬 1:26-27).

참되신 하나님이 그 마음 가운데에 자리잡고 있어야 그 나라와 그
세계가 아름답게 되는 것입니다.

'거룩하다'는 뜻의 '카데쉬'라는 단어의 어원을 보면 '성전의 창
녀'를 뜻하는 것이었습니다. 이방신의 예배는 제사 도중에 흥분된 상
태가 최고조에 달하면 상대를 가리지 않고 그룹 섹스를 하는 것이 가
장 절정에 이르는 순간이었습니다. 그래서 이렇게 이방신의 예배의식
을 위해서 여자들을 따로 구별해서 성전에서 예배를 드리고자 하는
사람들을 상대하는 여성사제들을 만들었던 것입니다.

이것이 그 당시 이방 사람들이 행했던 보편적인 종교의 예배방식이
었습니다.

그들은 성적인 관계에 대한 규율이 전혀 없는 사람들이었습니다.
지금 서양 세계가 성적 자유를 강조한 나머지 점점 옛날 성경시대처
럼 성도덕이 극심하게 문란해져가고 있습니다. 우리 사회도 그 뒤를
따라 가고 있습니다. 하나님께서 한 남자와 한 여자가 만나서 부부로
평생을 살게 하셨다는 것에 대한 의식이 없었던 것입니다. 그러나 그
때는 한 남자에 여럿 여자를 두는 것이 으레 있는 일이었으므로 전혀
문제가 되지 않았습니다.

그래서 하나님께서는 가정의 평화와 안위를 위해서 가정 생활의 의무를 강조하셨습니다. 이 점에 있어서도 믿는 사람들은 세상 사람들과는 다른 삶을 살 것을 명하신 것입니다.

신앙 생활의 중심은 가정입니다. 흔히 교회가 신앙생활의 중심이라고 생각하기 쉽고, 그렇게 가르치는 목회자들도 있지만 저는 신앙의 중심은 가정이라고 생각합니다.

교회는 성도들이 가정과 사회에서 신앙적 생활을 할 수 있도록 가르치는 장소입니다. 일주일에 몇 시간밖에 모이지 않는 곳이 어떻게 생활의 중심이 될 수 있겠습니까?

교회는 가르치고 훈련하는 곳입니다. 교회에서 훈련받아 가정이나 직장과 같은 곳에서 실행하고 활용해야 하는 것입니다.

한국 교회 교인들의 약점 가운데 하나는 교회를 벗어나면 맥을 못 춘다는 것입니다. 주일과 월요일이 연결되지 않는 것입니다.

집에서나 직장에서는 아무것도 할 수가 없습니다. 기도도 되지 않고 말씀을 보아도 도통 들어오는 것이 없습니다. 어떻게든 교회를 가야 기도도 할 수 있고, 말씀을 읽어도 깨닫게 되는 것입니다.

이렇게 되면 하나님의 말씀이 제대로 힘을 발휘할 수 없는 반쪽의 하나님이 됩니다. 성도들과 마찬가지로 교회를 벗어나면 전혀 활동을 하지 못하는 하나님으로 전락하는 것입니다. 그것은 옳지 않습니다. 믿는 사람들은 언제 어디든 하나님의 힘을 나타낼 수 있는 사람이 되어야 합니다.

그래서 중요한 것이 자기 가정을 돌보는 것입니다. 사도 바울은

"자기 가족을 돌보지 않는 자는 믿음을 배신한 자요 불신자보다 더 악한 자"라고 말씀하고 있습니다.

여기서 '불신자보다'의 '보다'라는 단어는 불신자 가운데서도 가장 고약한 사람을 가리키는 단어 뒤에 붙은 것입니다. 그래서 믿는 자라고 하면서도 가족을 돌보지 않는 사람은 불신자 가운데서도 가장 고약한 자보다 더 악한 자 같다는 것입니다.

요한도 "보이는 형제 사랑을 잘하지 못하는 사람들이 어떻게 보이지 않는 하나님을 사랑할 수 있겠느냐?"는 말씀을 하시지 않았습니까? 참된 신앙은 가정과 직장에서 나타납니다.

우상을 섬기는 자들은 심지어 자기 자식들을 제물로 태워서 죽이는 일까지 있으니 다른 어떤 일을 하지 못하겠습니까?

미국의 경우에는 일반 가정에서도 아버지와 딸, 어머니와 아들이 근친상간을 하는 일들이 비일비재합니다. 지금도 그런 일이 문제가 되는 경우가 많습니다.

성경은 철저하게 그런 일을 금했습니다. 그러나 하나님을 모르는 사람들은 이런 일을 범상하게 저질렀습니다.

옛날에 자기 자식을 우상의 제물로 바치는 것도 문제지만 지금의 부모들도 자식을 하나님께 헌신시키기보다 다른 일에 바치려고 하는 사람들도 문제입니다.

좋은 대학 가는 것을 인생의 최고 목표로 알고 주일에도 예배 대신 학원에 보내는 사람은 바로 우상에 자식을 바치는 것입니다. 그리고 나서 자식이 대학에 들어간 다음에 교회에 오지 않는다고 걱정을 합니다.

하나님을 섬기는 일은 다른 모든 일 뒤로 던지고 오직 이 세상의 영광을 얻기 위해 헌신하는 사람이 되어서는 안됩니다. 수험생이 되기만 하면 교회에 나오지 않아도 상관없다고 생각하는 것은 자기 아들을 대학이라는 몰렉에게, 바알에게 바치고 있는 것입니다.

자기 인생에서 하나님을 섬기는 것이 가장 중요하다는 것을 강하게 심어 주지 않으면 자신도 모르는 사이에 다른 우상을 섬기게 되어 있는 것입니다. 내 자식이 우상의 제물이 되는 것입니다.

다섯째/ 개인과 국가의 윤리를 지키라

마지막으로 레위기 18장 24절에서 30절 사이에는 개인의 삶과 국가의 멸망에 대한 말씀을 하고 있습니다.

"너희는 이 모든 일로 스스로 더럽히지 말라 내가 너희의 앞에서 쫓아내는 족속들이 이 모든 일로 인하여 더러워졌고 그 땅도 더러워졌으므로 내가 그 악을 인하여 벌하고 그 땅도 스스로 그 거민을 토하여 내느니라 그러므로 너희 곧 너희의 동족이나 혹시 너희 중에 우거하는 타국인이나 나의 규례와 법도를 지키고 이런 가증한 일의 하나도 행하지 말라 너희의 전에 있던 그 땅 거민이 이 모든 가증한 일을 행하였고 그 땅도 더러워졌느니라 너희도 더럽히면 그 땅이 너희 있기 전 거민을 토함 같이 너희를 토할까 하노라 무릇 이 가증한 일을 하나라도 행하는 자는 그 백성 중에서 끊쳐지리라 그러므로 너희는 내 명령을 지키고 너희 있기 전에 행하던 가증한 풍속을 하나라도

좋음으로 스스로 더럽히지 말라 나는 너희 하나님 여호와니
라."

여기서 말하고 있는 것은 시민의식이 타락하면 반드시 국가의 멸망
을 부르게 된다는 사실입니다. 시민의 윤리의식이 부패하고 타락하면
그 국가는 자멸의 길로 들어서고 있다는 것을 알아야 합니다.

역대의 강성했던 국가들이 다 그런 전철을 밟았습니다. 시민이 타
락하면 자연히 정치가 타락하게 되어 있고 정치가 타락해서 부패하게
되면 국가의 곳곳이 썩어들어가게 되어 있습니다.

그래서 그 나라의 윤리를 담당하고 있는 사람들의 역할이 중요합니
다.

그럼 윤리를 누가 가르칩니까?

교회에서 가르쳐야 합니다. 물론 학교에서도 교육을 하고 있긴 하
지만 지금의 학교 교육은 지식을 가르치기에도 시간이 모자라고 오직
상급학교에 들어가는 것을 목표로 하고 있을 뿐입니다.

교회에서 성경에 기록된 하나님의 윤리를 가르치고 교인들이 그 실
천적인 모범을 보임으로 인하여 많은 사람들이 그 길을 보고 따를 수
있도록 유도해야 합니다.

그래서 우리 믿는 사람들의 생각과 행동이 중요한 것입니다. 나 한
사람의 행동이 다른 사람들에게 끼칠 영향을 생각한다면 어떻게 내
마음대로 아무렇게나 행동할 수 있겠습니까?

우리의 거룩이 이렇게 중요하다는 것을 자각하고 하나님의 백성으

로서 거룩한 삶을 사는 저와 여러분이 되어야 하겠습니다.

제 8 장

구약의 산상수훈

"…너희는 재판할 때에 불의를 행치 말며 가난한 자의 편을 들지 말며 세력있는 자라고 두호하지 말고 공의로 사람을 재판할지며 너는 네 백성 중으로 돌아다니며 사람을 논단하지 말며 네 이웃을 대적하여 죽을 지경에 이르게 하지 말라 나는 여호와니라 너는 네 형제를 마음으로 미워하지 말며 이웃을 인하여 죄를 당치 않도록 그를 반드시 책선하라 원수를 갚지 말며 동포를 원망하지 말며 이웃 사랑하기를 네 몸과 같이 하라 나는 여호와니라…"(레 19:1-37).

구약의 산상수훈

레위기 19장에는 인간이 가지고 있는 문제들에 대한 이야기가 나옵니다. 그것은 예배문제와 가난, 여러 장애, 비난, 불평, 결혼 관계, 농업, 개인 치장, 안식일, 점쟁이, 연로자, 안식일, 사업관계 등 개인과 사회 생활에서의 거의 전반적인 문제들에 관한 것입니다.

그런데 여기에 나오는 많은 문제들은 다음 세 가지의 큰 문제로 묶을 수 있습니다.

그 첫째는 하나님과 나 사이의 적대관계이고, 두번째는 사람과 사람 사이의 적대관계이고, 세번째는 자신과 자신 사이의 적대관계입니다. 기독교는 바로 이 세 가지 문제를 해결해 나가는 종교입니다.

이 세 가지 적대관계는 결국 한 곳에서 나오는 것입니다. 그것은 바로 인간의 가슴 한가운데 있는 죄성이라는 샘입니다. 이 죄성은 나 자신에게 나와서 나 자신을 공격하고 내 인생을 파괴시킵니다.

그래서 근본적으로 자기 가슴 속에 있는 죄의 문제를 해결하면 하나님과의 관계가 원만해지고, 이웃과의 관계가 원만해지고, 자기 자신과의 관계가 원만해져서 자멸할 수 있는 성향을 막을 수 있게 됩니다.

시기와 분쟁과 악함은 우리 가슴에 가득 찬 곳에서 나오는 것입니다. 가장 근본적인 인간 문제는 정치적인 문제도 아니고 사회적인 문제도 아니고 경제적인 문제도 아니고, 그렇다고 심리적인 문제도 아닙니다. 바로 인간의 가슴 속에 있는 영적인 죄의 문제입니다. 그래서 인간의 대부분의 문제는 다른 어떤 것보다도 죄의 문제를 해결하면 자연히 해결됩니다.

베드로후서 1장 4절에도 보면, "너희는 하나님의 성품에 참여하는 자"라는 말씀이 나옵니다. 우리가 거듭남으로 말미암아 하나님의 성품이 강해지면 하나님과의 관계가 회복되고, 이웃과의 관계가 회복되고, 자기 자신과의 관계가 회복됩니다.

인간은 이상하게도 자기 자신에게도 적대감을 갖습니다. 자기 자신을 싫어하고 해치려고 하는 마음을 갖고, 또 그것을 행동에 옮기기도 합니다. 자신에게 나쁜 줄 알면서도 술 마시고 담배 피우고 마약까지 하는 것이 바로 그런 심리에게 비롯된 것입니다.

이것이 바로 인간이 가지고 있는 자멸의 경향성일 것입니다.

몸에 좋은 것은 입에 써서 먹기가 나쁘다는 것도 인간을 자멸로 몰아가는 경향성을 부추기는 원인이 됩니다. 어째서인지 모르지만 입에 단 것일수록 몸을 상하게 하고 쇠약하게 만드는 것이 많습니다. 그리고 건강에 도움이 되는 음식일수록 아주 먹기가 나쁘고 맛을 즐기기가 힘듭니다. 몸에 좋지 않은 것들인 줄 알면서 맛이 있으니까 먹습니다.

이렇게 사람을 해치는 것은 음식에도 유혹적인 것들이 붙어 있습니다. 사람들은 누구나 달콤한 유혹에 빠지기가 쉽습니다. 그러나 그 유혹의 끝에는 언제나 자멸의 낭떠러지가 있습니다. 그것을 알면서도 따라가는 것이 인간의 마음 가운데 있는 죄성의 본질입니다.

그럼 이제 19장 1, 2절부터 살펴보도록 합시다.

> "여호와께서 모세에게 일러 가라사대 너는 이스라엘 자손의 온 회중에게 고하여 이르라 너희는 거룩하라 나 여호와 너희 하나님이 거룩함이니라."

이 말씀은 레위기의 서론이요 본론이요 결론입니다. "하나님이 거룩하시니 그의 백성들도 거룩한 백성이 되라"는 것입니다. 내가 가진 성품과 내 영혼이 지금 어떤 상태에 있는가 하는 것이 바로 모든 문제의 중심이고 해결책입니다.

신약 시대의 바울도 디모데전서 4장 16절에서 디모데에게 말하기를 그 자신을 조심하라고 당부합니다.

> "네가 네 자신과 가르침을 삼가 이 일을 계속하라 이것을 행함으로 네 자신과 네게 듣는 자를 구원하리라."

이 말씀은 지금의 우리들에게 명령하고 있는 말씀입니다.

어떤 일을 하든지 우리가 하는 모든 일에서 우리 자신을 삼가 살피는 일을 먼저 해야 합니다. 모범을 보이고 다른 사람들을 가르치는 위치에 있는 사람들은 더욱 자신의 언행을 삼가야 합니다.

자신을 먼저 거룩하게 하지 않으면 그 사람을 따르고 있는 사람들에게 보여줄 것도 가르칠 것도 없는 사람이 됩니다. 자신의 행동을 삼가며 성찰하는 사람에게는 거룩함이 넘치게 되어 있습니다. 자신의 영적인 성장을 추구하는 것이 가장 큰 가르침이 되는 것입니다.

계속해서 3절을 보십시오.

"너희 각 사람은 부모를 경외하고 나의 안식일을 지키라 나는 너희 하나님 여호와니라."

대인관계의 첫번째가 부모와 나와의 관계입니다. 십계명도 크게 하나님 사랑과 이웃사랑으로 나뉘는데, 그 이웃사랑의 첫번째가 바로 부모를 공경하고 사랑하는 것입니다.

하나님은 그것을 '약속있는 첫 계명'이라고 말씀하셨습니다. 아이들을 기르면서도 그 아이들의 원만한 인격형성과 대인관계 계발의 출발을 바로 부모와의 관계에서 찾아야 합니다. 부모와의 관계가 좋으면 다른 사람들과도 원만한 관계를 가질 수 있습니다.

성공하는 사람들의 가장 큰 성공요인은 80퍼센트가 대인관계라고 합니다. 그리고 나머지 20퍼센트가 자신의 직업적 기술이라는 것입니다. 인간관계가 최우선이 되어야만 다른 일들도 그 이상의 효과를 거둘 수 있는 것입니다.

하나님은 "부모를 공경하면 하나님께서 이 땅에서 장수하는 복을 주시겠다"고 말씀하셨습니다.

여기서 장수라는 것은 단순히 오래 사는 것만을 말하는 것이 아닙니다. 고생을 하면서 오래 사는 것은 오히려 욕이 될 수 있습니다. 장수하는 것이 축복이 되려면 행복하게 오래 살아야 합니다. 그러므로 우리는 무엇인가가 잘 안되고 자꾸 어긋난다고 생각되면 가장 먼저 자기 부모와의 관계를 되짚어 보아야 합니다.

저는 여러 사람들과 상담을 하면서 많은 질문을 하게 됩니다. 그런데 그 질문 중에 하나는 "자라날 때 부모님과의 관계는 어떠했습니까?"라는 질문입니다.

부모와 어떤 관계를 가지며 성장했는가 하는 것은 그 사람의 평생에 영향을 끼치게 됩니다. 어렸을 때 억압당하고 맞고 자란 사람들은 평생 다른 사람들과의 인간관계에 있어서도 원만하지 못하고 문제를 일으킵니다. 교회에서도 문제를 일으키고 다른 사람들을 당황하게 합니다.

그런 사람들을 만나게 되면 반드시 문제의 원인을 찾아내어 근본적으로 내적 치유를 해야 합니다. 그렇지 않으면 아무리 마음을 고쳐 먹으려고 해도 잘 되지 않습니다.

그리고 3절 중반에 "안식일을 지키라"고 하신 것은 안식일을 지키는 것이 하나님을 공경하는 근본이 되기 때문입니다. 안식일을 잘 지키지 않는 사람은 하나님과 자연히 멀어지게 되어 있습니다.

제가 잘 알고 있는 어떤 분은 그 가족들의 상황으로 보아서 교회를 아주 잘 다녀야 할 사람인 것 같은데 2년째 교회를 나가지 않고 있다고 했습니다. 그래서 그 이유를 물었더니, "예수 믿는 사람들이 보기 싫어서 안 나간다"는 것이었습니다.

사람들과의 관계는 하나님과의 관계에 영향을 미칩니다. 이 두 가지는 따로 떼어서 생각할 수 없습니다. 우리 가슴 속에 있는 것이 겉으로 드러나 모든 관계에 영향을 미치기 때문에 관계가 단절된 상태에서는 거룩을 체험할 수 없습니다.

안식일을 지키지 않으면 하나님을 무시하는 것이기 때문에 그 영혼이 죽게 됩니다. 점점 하나님을 멀리 하면서도 아무런 고통도 느끼지 않게 되는 것입니다.

그 다음에 말씀하시는 것이, "나는 너의 하나님임이라"는 말씀입니다. 이 말씀은 다른 말씀 뒤에도 항상 덧붙여서 마치 하나님이 친히 도장을 찍듯이 또는 사인을 하듯이 하시는 말씀입니다.

이 말씀을 하는 분이 누구인지를 기억하라는 것입니다. 네가 누구 앞에서 사는 것이며, 누구를 생각해야 하며, 누구와 함께 하는 것인가를 기억하라는 것입니다. 곧 신앙의 생활화는 하나님이 권하시는 것입니다.

기독교인의 수가 아무리 많아도 그 신앙이 생활화되지 않으면 아무 소용이 없습니다. 교회 안에서만 힘이 있는 신앙이라면 어떻게 사회에서 제대로 영향을 줄 수가 있겠습니까? 생활화가 되지 않으면 그저 새장 안에 있는 신앙밖에 되지 않습니다. 이것은 온전한 신앙이 아닙니다.

신앙은 교회 속에 있는 것이 아니라 생활 속에 있는 것입니다.

4절을 보십시오.

"너희는 헛것을 위하지 말며 너희를 위하여 신상들을 부어 만들지 말라 나는 너희 하나님 여호와니라."

우리는 항상 하나님의 사랑에 우선을 두어야 합니다. 무엇이든지 하나님보다 중요하게 여기는 것은 다 우상입니다. 하나님보다 더 사랑하는 것이 있다면 그것이 심지어 자녀들이라도 우상입니다.

텔레비전 보느라고 교회 예배를 드리지 않는다면 텔레비전이 우상이 되는 것입니다. 요즘 현대인들 중에는 골프가 우상인 분들도 많이 있습니다. 중독이 된 것처럼 보이는 사람들도 있습니다. 텔레비전이 하나님 앞에 가는 것을 가로막는다면 텔레비전을 과감하게 꺼야 합니다. 잠시 즐거운 것에 빠져서 영원한 즐거움을 버리는 어리석음을 범하지 마십시오. 하나님의 말씀입니다.

계속해서 5-8절을 봅시다.

"너희는 화목제 희생을 여호와께 드릴 때에 열납되도록 드리고 그 제물은 드리는 날과 이튿날에 먹고 제 삼일까지 남았거든 불사르라 제 삼일에 조금이라도 먹으면 가증한 것이 되어 열납되지 못하고 그것을 먹는 자는 여호와의 성물 더럽힘을 인하여 죄를 당하리니 그가 그 백성 중에서 끊쳐지리라."

제물로 드린 음식을 오래도록 두고 먹지 못하게 한 것은 그 부패한 음식을 먹는 것을 방지하기 위한 명령이었습니다. 몸도 거룩해야 합니다.

화목제를 드리는 것은 하나님과 나 사이의 평화를 유지하기 위해서 드리는 것인데, 신장과 그 위에 있는 지방 덩어리를 바치게 되어 있었습니다. 그런데 그 부분은 유대인들이 가장 좋아하는 부분이었으므로, 일단 제사가 끝나면 남겨 두지 말고 나누어서 상하기 전에 다 먹으라는 말씀입니다.

하나님의 백성을 보호하기 위한 말씀입니다.

9, 10절로 가면 다시 이웃으로 돌아갑니다. 이 말씀은 특별히 가난한 자를 돌보는 방법에 관한 명령입니다.

> "너희 땅의 곡물을 벨 때에 너는 밭 모퉁이까지 다 거두지 말고 너의 떨어진 이삭도 줍지 말며 너희 포도원의 열매를 다 따지 말며 포도원에 떨어진 열매도 줍지 말고 가난한 사람과 타국인을 위하여 버려두라 나는 너희 하나님 여호와니라."

가난한 사람들과 이방인들을 위해서 추수할 때에 다 따가지 말고 미리 조금 남겨 두라는 말씀입니다. 다 거두어가면 가난한 사람들이 먹을 것이 없기 때문입니다. 일종의 이스라엘의 사회복지 제도라고 볼 수 있습니다.

그런데 여기서 생각해봐야 할 것은 농사를 많이 지어서 다 추수한 후 직접 나누어 주라고 하시지는 않았다는 것입니다. 다시 말하면 가난한 자라고 해서 아무 수고도 하지 않고 먹게 하지는 않으셨습니다. 그들도 자기들이 할 수 있는 최소한의 노력을 할 수 있도록 하셨습니다.

현대에 와서도 사회복지사업을 하는 사람들의 이야기를 들으면 아무 수고도 하지 않고 돈을 받으면 그 사람의 인격이 손상된다고 말하고 있습니다. 수치심을 갖게 되고 인격에 상처를 받게 된다는 것입니다. 무엇이든 대가를 지불해야만 작은 소득에도 떳떳할 수 있습니다.

교회에서 하는 구제활동이 자칫하면 그 사람을 잃어버리게 되는 경우를 만들 수도 있습니다. 그래서 특히 교회 안에서 교우들을 도울 때는 더욱 조심해야 합니다. 도움을 받는다는 것만으로도 굴욕감을 느낄 수가 있기 때문에 누가 돕는지 모르도록 돕는 것이 가장 현명한 방법입니다.

그리고 가능하면 그 사람을 물질적으로 직접 돕는 것보다는 그 사람이 일을 해서 소득을 얻을 수 있도록 간접적으로 돕는 것이 더 좋습니다. 사람 사이의 인격을 존중하는 방법을 하나님께서는 아주 중요하게 생각하셨습니다.

레위기 19장에는 그 뒤로 갈수록 아주 자세하게 이웃들을 사랑하는 방법이 나옵니다. 도적질하지 말며, 속이지 말며, 거짓 증거하지 말며, 거짓 맹세하지 말고 이웃을 압제하거나 수탈하지 말며, 특히 품꾼의 품삯을 묵혀 두지 말도록 하십니다. 이웃과의 관계가 거룩해야 합니다.

"너희는 도적질하지 말며 속이지 말며 서로 거짓말하지 말며 너희는 내 이름으로 거짓 맹세함으로 네 하나님의 이름을 욕되게 하지 말라 나는 여호와니라 너는 네 이웃을 압제하지 말며 늑탈하지 말며 품군의 삯을 아침까지 밤새도록 네게 두지 말며 너는 귀먹은 자를 저주하지 말며 소경 앞에 장애물을 놓지 말고 네 하나님을 경외하라 나는 여호와니라"(레 19:11-14).

그 당시의 사람들은 남의 일을 해준 품삯으로 하루 벌어서 하루 먹고 사는 사람들이었습니다. 그런데 그 날 품삯을 묵혀 두면 그 날 먹을 것을 살 수가 없었습니다.

그래서 품삯은 그 날 그 날을 지켜서 어기지 말고 주어야 했습니다. 하나님께서는 약한 사람들을 보호하기 위한 방법들을 세세하게 말해주고 있는 것입니다.

이런 원리들 속에는 일관되게 이웃을 사랑하고 약자를 돌보게 하는 기본정신이 포함되어 있습니다. 그런 원리를 알고 성경을 보면 하나님께서 우리에게 이 말씀을 주신 뜻을 더 잘 이해할 수 있게 됩니다.

구약의 산상수훈

레위기 19장 전체를 한 구절로 대표할 수 있다면 그것은 18절일 것입니다.

"원수를 갚지 말며 동포를 원망하지 말며 이웃 사랑하기를 네 몸과 같이 하라 나는 여호와니라."

"이웃 사랑하기를 네 몸과 같이 하라"는 한 원리를 가지고 여러 가지로 풀어 놓은 것이 19장 전체의 말씀입니다. 이것은 또 예수님께서 말씀하신 가장 큰 계명이었습니다.

하나님과의 평화로 출발하면 자기 자신과의 평화를 이루고 나아가서 이웃과의 평화를 이루게 됩니다. 그리고 나면 주위 환경과 생태계의 평화까지도 이루게 됩니다. 그러면 계명이 완성되는 것입니다.

하나님은 모든 이웃과의 사랑을 강조하셨지만 특히 고아와 과부 그리고 신체 장애자에 대한 사랑을 당부하셨습니다. 하나님께서는 그런 사람들을 해치는 사람들은 책임을 지고 보복하시겠다고 말씀하셨습니다. 하나님은 특별히 그렇게 어려운 사람들의 친구가 되시겠다는 말씀을 곳곳에서 하시면서 그들을 멸시하거나 괴롭히지 못하게 하셨습니다.

그러므로 강한 자가 약한 자를 괴롭히는 일은 하나님께 정면으로 도전하는 일이 됩니다. 강한 자가 하나님으로부터 받은 사명 중의 하나가 약한 자를 돌보는 것입니다. 그런데 그것을 망각하고 도리어 약한 사람을 해치는 사람은 하나님께서 반드시 심판하시겠다고 약속하십니다.

15절을 보면 법을 집행하는 데 있어서의 공평성을 말씀하십니다.

"너희는 재판할 때에 불의를 행치 말며 가난한 자의 편을 들지

말며 세력있는 자라고 두호하지 말고 공의로 사람을 재판할지
며."

요즘 사람들 중에는 구약의 법이 아주 야만적이라고 생각하는 사람
들과, 신약의 예수님의 법은 사랑의 법이기 때문에 사형제도 같은 것
들은 없어져야 한다는 주장을 하는 사람들이 있습니다.

그러나 이것은 구약의 법들을 잘못 이해하고 있기 때문에 생긴 것
입니다. 구약의 법은 공평성의 원리로 해석해야 합니다.

개인에게 죄를 시켰나면 국가는 정의의 편에 서아 하나 그것을 개
인적으로 용서해 주는 것은 자신의 문제이기 때문에 알아서 해결을
하면 됩니다. 개인적으로는 얼마든지 은혜와 사랑을 베풀 수 있습니
다. 그러나 법은 어느 사람에게나 공정하게 집행을 하도록 국가적으
로 정해 놓은 것이라고 이해해야 합니다.

16절에는 사람을 비방하지 말라고 말씀하십니다. 사람이 무엇보다
귀하기 때문입니다.

"너는 네 백성 중으로 돌아다니며 사람을 논단하지 말며 네 이
웃을 대적하여 죽을 지경에 이르게 하지 말라 나는 여호와니
라."

사람은 하나님의 형상이기 때문에 저주해서도 안 되고 죽여서도 안
됩니다. 예수님께서는 "형제에게 바보라고 욕을 하는 것으로도 지옥
에 갈수 있다"고 말씀하셨습니다.

예수님께서는 인간에 대한 소중함을 강조하시기를, "한 생명이 온 천하보다 더 귀하다"고 하셨습니다. 그래서 자신의 몸을 내어주면서까지 하면서 인간을 사랑하신 것입니다.

그 다음에는 17절에서 형제나 이웃에게 분노나 복수심을 품지 말라고 하십니다. 그런 것이 있으면 다른 사람들을 비방하고 해치게 하는 원인이 되기 때문입니다.

"너는 네 형제를 마음으로 미워하지 말며 이웃을 인하여 죄를 당치 않도록 그를 반드시 책선하라."

작은 분노가 커지면 나중에는 엉뚱한 화를 일으키게 하는 원인이 됩니다. 그래서 분노를 잘 다스리는 사람이 되기 위해서 노력해야 하고 자제력을 기르도록 하는 것이 중요합니다. 분노는 해가 지기 전에 반드시 풀어야 합니다. 그렇지 않으면 자신을 해치고 또 이웃을 해칩니다.

그리고 19절부터는 순종해야 할 하나님의 규례들이 나옵니다.

"너희는 내 규례를 지킬지어다 네 육축을 다른 종류와 교합시키지 말며 네 밭에 두 종자를 섞어 뿌리지 말며 두 재료로 직조한 옷을 입지 말지며."

종류가 다른 두 가지를 섞지 말라는 말씀이 있는데 이것은 동질성의 원리를 강조한 것입니다.

어느 사회든지 그 사회가 잘 운영되려면 동질성이 있어야 합니다. 구성원을 이루고 있는 사람들은 다르지만 그들을 묶을 수 있는 하나의 원리가 있으면 그 사람들은 통일된 집단이 될 수 있습니다.

그리고 이렇게 여러 사람들에게 하나의 원리를 제공하고 같은 목표를 가지고 나갈 수 있도록 중앙에서 자기 역할을 할 수 있는 사람이 지도자의 자질이 있는 사람입니다. 그리고 이 원리는 보편성이 강할 때일수록 더 많은 사람을 수용할 수 있는 것입니다.

그 다음부터는 음식 문제를 비롯해서 음행의 문제, 제사문제, 의복 문제, 농사짓는 문제, 나그네를 대하는 문제 등 여러 가지 일상 생활의 문제들이 나타나게 됩니다.

이것들은 모두 하나님의 백성으로서 지켜야 할 규례인데 차례대로 살펴보도록 합시다.

첫째/ 남의 아내와 간음하지 말라는 말씀입니다.

"무릇 아직 속량도 되지 못하고 해방도 되지 못하고 정혼한 씨종과 사람이 행음하면 두 사람이 형벌은 받으려니와 그들이 죽임을 당치 아니할 것은 그 여인은 아직 해방되지 못하였음이라 그 남자는 그 속건 제물 곧 속건제 수양을 회막 문 여호와께로 끌어올 것이요 제사장은 그의 범한 죄를 위하여 그 속건제의 수양으로 여호와 앞에 속죄할 것이요 그리하면 그의 범한 죄의 사함을 받으리라"(레 19:20-22).

둘째/ 처음 난 것을 하나님께 바치라는 말씀입니다.

"너희가 그 땅에 들어가 각종 과목을 심거든 그 열매는 아직 할례받지 못한 것으로 여기되 곧 삼년 동안 너희는 그것을 할례 받지 못한 것으로 여겨 먹지 말 것이요 제 사년에는 그 모든 과실이 거룩하니 여호와께 드려 찬송할 것이며 제 오년에는 그 열매를 먹을지니 그리하면 너희에게 그 소산이 풍성하리라 나는 너희 하나님 여호와니라"(레 19:23-25).

셋째/ 이방인들의 풍습을 피하라는 말씀입니다.

"너희는 무엇이든지 피 채 먹지 말며 복술을 하지 말며 술수를 행치 말며 머리 가를 둥글게 깎지 말며 수염 끝을 손상치 말며 죽은 자를 위하여 너희는 살을 베지 말며 몸에 무늬를 놓지 말라 나는 여호와니라 네 딸을 더럽혀 기생이 되게 말라 음풍이 전국에 퍼져 죄악이 가득할까 하노라 내 안식일을 지키고 내 성소를 공경하라 나는 여호와니라 너희는 신접한 자와 박수를 믿지 말며 그들을 추종하여 스스로 더럽히지 말라 나는 너희 하나님 여호와니라"(레 19:26-31).

넷째/ 노인을 공경하고 외국인은 사랑하라는 말씀입니다.

"너는 센 머리 앞에 일어서고 노인의 얼굴을 공경하며 네 하나님을 경외하라 나는 여호와니라 타국인이 너희 땅에 우거하여

함께 있거든 너희는 그를 학대하지 말고 너희와 함께 있는 타
국인을 너희 중에서 낳은 자 같이 여기며 자기같이 사랑하라
너희도 애굽 땅에서 객이 되었더니라 나는 너희 하나님 여호와
니라"(레 19:32-34).

다섯째/ 매사에 정직하고 공평하라는 말씀입니다.

"너희는 재판에든지 두량형에든지 불의를 행치 말고 공평한
저울과 공평한 추와 공평한 에바와 공평한 힌을 사용하라 나는
너희를 인도하여 애굽 땅에서 나오게 한 너희 하나님 여호와니
라"(레 19:35-36).

이 모든 규례는 다 순종하고 지켜야 할 중요한 것들이지만 우리가
더 깊이 생각해야 할 것은 이 모든 규례에 대해서 하나님께서는 그 규
례를 지키라고 하신 분이 바로 하나님이라는 사실을 상기시킨다는 것
입니다. "나는 너희 하나님 여호와니라."
그리고 마지막으로 이것은 아무리 작은 규례라 할지라도 그것을 말
하시는 분이 절대자 하나님이기 때문에 소홀히 해서는 안된다는 사실
을 강조하고 있습니다.

"너희는 나의 모든 규례와 나의 모든 법도를 지켜 행하라 나는
여호와니라"(레 19:37).

현대신학의 가장 큰 문제는 하나님의 말씀을 자기 멋대로 해석하려

고 하는 것입니다. 특히 유럽 지역의 신학자들은 때로는 하나님에 대한 믿음이 있는 사람들인지가 의심스럽습니다. 자신만의 독특한 아이디어 한 가지를 가지고 성경 전체를 재해석하려고 하니 얼마나 주관적인지 모릅니다. 자기 이론에 필요한 부분만을 발췌해서 해석하고 그렇지 않은 말씀은 전혀 언급도 하지 않습니다. 그러다 보니 종교다원주의적 해석도 되고 '사신(死神)의 신학'과 같은 엉뚱한 신학까지 생기게 된 것입니다.

하나님은 성경의 한 말씀 한 말씀에 이것이 절대자 하나님의 말씀이라는 것을 명백하게 명시해 주셨는데도 불구하고 사람들은 그것을 주목하지 않고 있습니다. 이런 이론들은 일단 사람들의 시선을 끌고 세상을 떠들썩하게 하지만 절대로 오래 가지 못합니다.
하나님의 말씀만을 강렬하게 선포하는 설교가 오래도록 사람들의 가슴에 남는 설교가 되고 사람의 마음을 움직이는 설교가 됩니다.

사람들의 가슴을 움직이고, 죄로부터 이끌어내어 변화받고 새로운 사람을 만드는 것은 신학이 아니라 신앙입니다. 신학이론이 아니라 하나님의 말씀이 사람들의 생각과 삶을 변화시킵니다.
기독교는 이론의 종교가 아니라 삶의 종교, 생명의 종교이기 때문입니다.

제 9 장

온전한 것을 드리라

"…여호와께서 모세에게 일러 가라사대 아론과 그 아들들과 이스라엘 온 족속에게 고하여 이르라 이스라엘 자손이나 그 중에 우거하는 자가 서원 제나 낙헌제로 번제를 여호와께 예물로 드리려거든 열납되도록 소나 양이나 염소의 흠 없는 수컷으로 드릴지니 무릇 흠 있는 것을 너희는 드리지 말 것은 그것이 열납되지 못할 것임이니라 무릇 서원한 것을 갚으려든지 자의로 예물을 드리려든지 하여 소나 양으로 화목제 희생을 여호와께 드리는 자는 열납되도록 아무 흠이 없는 온전한 것으로 할지니 눈먼 것이나 상한 것이나 지체에 베임을 당한 것이나 종기 있는 것이나 괴혈병 있는 것이나 비루먹은 것을 너희는 여호와께 드리지 말며 단 위에 화제로 여호와께 드리지 말라…"(레 20:1-22:33).

온전한 것을 드리라

사형에 해당하는 죄들

레위기 20장은 각종 위반 사항에 대한 형벌들을 이야기하고 있습니다. 20장은 18장의 내용을 보충해주고 있는데, 여기에서 이야기되는 규례들은 사형에 해당할 정도로 엄중한 것이었습니다. 이 사형은 "그 지방 사람이 돌로 쳐 죽이는" 물리적인 것일 뿐 아니라, "그 백성 중에서 끊쳐지는" 사회적인 것이기도 했습니다.

사형에 해당하는 죄들은 고의적인 살인과 간음, 동성애, 신성 모독, 우상 숭배 등 종교적으로나 사회적으로 심각한 죄악들이었습니다.

그러면 어떤 것들이 사형에 해당하는 죄들인지 살펴봅시다.

첫째/ 우상 숭배하는 죄

1절에서 6절까지는 우상숭배에 대한 형벌을 이야기하고 있습니다.

"여호와께서 모세에게 일러 가라사대 너는 이스라엘 자손에게 또 이르라 무릇 그가 이스라엘 자손이든지 이스라엘에 우거한 타국인이든지 그 자식을 몰렉에게 주거든 반드시 죽이되 그 지방 사람이 돌로 칠 것이요 나도 그 사람에게 진노하여 그를 그 백성 중에서 끊으리니 이는 그가 그 자식을 몰렉에게 주어서 내 성소를 더럽히고 내 성호를 욕되게 하였음이라 그가 그 자식을 몰렉에게 주는 것을 그 지방 사람이 못본 체하고 그를 죽이지 아니하면 내가 그 사람과 그 권속에게 진노하여 그와 무릇 그를 본받아 몰렉을 음란히 섬기는 모든 사람을 그 백성 중에서 끊으리라."

만일 몰렉에게 자식을 바친 자가 있다면 그는 돌로 쳐서 죽어야 했습니다. 몰렉 신에게 자기 자식을 제물로 바치는 사람은 술을 마시고 소리지르고 춤추고 뛰놀다 나중에는 그 자식을 불에 태워서 죽게 만듭니다. 일종의 정신적인 흥분과 마비 상태에서 자식을 제물로 드리는 것입니다.

그 아들을 불 속에 집어넣을 때에 얼마나 비명을 지르며 발버둥을 치겠습니까? 그러니까 그 소리를 듣지 않으려고 더욱 큰 소리를 지르고 광란의 도가니를 만드는 것입니다. 아이를 죽게 했다는 사실조차도 잊을 정도로 자신을 흥분의 상태로 몰아갑니다.

그러므로 하나님께서는 그런 사람들은 반드시 죽이라고 말씀하십니다.

똑같은 주문을 계속해서 반복하는 것은 사람의 정신을 마비시키는 일종의 최면의 기능을 합니다. 그래서 우상을 섬기는 종교에서는 주문을 외우고 염주를 돌리면서 마음을 비우는 것입니다. 그러면 심리적으로 안정감이 올 수는 있습니다.

하나님은 그런 것을 보고도 모른 척하는 사람이나 동조하는 것조차도 못하게 하십니다.

> "음란하듯 신접한 자와 박수를 추종하는 자에게는 내가 진노하여 그를 그 백성 중에서 끊으리니 너희는 스스로 깨끗케 하여 거룩할지어다 나는 너희 하나님 여호와니라 너희는 내 규례를 지켜 행하라 나는 너희를 거룩케 하는 여호와니라"(레 20:6-8).

하나님의 윤리는 세상의 다른 신들의 윤리와 이렇게 차이가 납니다. 유대의 종교는 전능하신 하나님께서 만드신 종교라는 것을 이런 점을 통해서도 알 수 있습니다. 그래서 그 당시의 사람들이 아무런 저항감이 없이 받아들였던 관습들도 하나님께서는 단호하게 거부하셨던 것입니다. 모든 우상숭배는 하나님과 멀게 하고 인간을 타락하게 만듭니다.

그 당시 인간의 상황들에 젖어 있던 사람들은 만들지 못하는 삶의 규범을 하나님은 앞서서 먼저 만드시는 분입니다. 하나님이 주신 규례를 철저하게 지키는 길이 건전하게 사는 길입니다.

사람이 타락하면 나타나는 죄가 우상숭배와 성적 타락입니다. 오늘날도 이 현상은 마찬가지입니다.

하나님보다 더 중요한 것이 있으면 그것이 그 사람에게 우상이 됩니다. 우상에는 잘못된 성관계까지 포함됩니다.

아마 지금 일어나고 있는 현상들을 보아도 금방 그것을 알 수 있을 것입니다. 그리고 이 문제는 누구나 저지를 수 있는 가장 쉬운 죄입니다. 예수님은 마음으로 간음한 것까지도 이미 간음한 것이라고 말씀하셨습니다. 행동으로 옮기지 않았다고 해서 죄가 아닌 것은 아닙니다.

둘째/ 부모를 저주하는 죄

부모를 저주하는 자도 사형에 처하게 되어 있었습니다.

> "무릇 그 아비나 어미를 저주하는 자는 반드시 죽일지니 그가 그 아비나 어미를 저주하였은즉 그 피가 자기에게로 돌아가리라"(레 20:9).

하나님께서는 부모를 해치고 욕하는 일을 인간이 저지를 수 있는 죄 중에 가장 심각한 죄로 여기신다는 것입니다. 그만큼 부모를 소중히 여긴다는 것입니다.

요즘에는 이 문제를 아주 심각하게 생각해야 할 것 같습니다. 신문의 사회면을 보면 부모를 구타하는 것은 물론이고 심지어 살해하기까지 하는 사건들이 종종 보도되고 있지 않습니까?

얼마 전에도 그런 사건으로 세상이 떠들썩한 적이 있었습니다. 살해한 것도 우발적인 사건이 아니라 재산 때문에 치밀하게 계획을 했다고 하니 얼마나 끔찍한 일입니까?

자기 부모를 사랑하지 않는 사람은 절대로 다른 사람을 사랑할 수 없습니다. 그런 사람은 이 세상에 자기 한 사람밖에는 없는 것처럼 생각하고 사는 사람입니다. 만일 세상이 그런 사람들로 가득 차 있다고 생각해 보십시오. 아마 지옥이 따로 없을 것입니다.

부모를 사랑하는 것은 하나님을 사랑하고 사람을 사랑하는 근본이 됩니다. 그래서 부모를 공경하면 하나님이 이 땅에서 모든 일이 잘되게 해 주시겠다고 약속하신 것입니다.

이 원리가 성경의 처세술의 첫발자국입니다.

셋째/ 음행의 죄

하나님은 친가족, 동성, 외할머니, 근친, 짐승과 음행하는 것을 철저하게 금하셨습니다. 근친간의 성관계는 철저히 금하십니다.

"누구든지 남의 아내와 간음하는 자 곧 그 이웃의 아내와 간음하는 자는 그 간부와 음부를 반드시 죽일지니라 누구든지 그 계모와 동침하는 자는 그 아비의 하체를 범하였은즉 둘다 반드시 죽일지니 그 피가 자기에게로 돌아가리라 구든지 그 자부와 동침하거든 둘 다 반드시 죽일지니 그들이 가증한 일을 행하였음이라 그 피가 자기에게로 돌아가리라 누구든지 여인과 교합하듯 남자와 교합하면 둘 다 가증한 일을 행함인즉 반드시 죽일지니 그 피가 자기에게로 돌아가리라 누구든지 아내와 그 장모를 아울러 취하면 악행인즉 그와 그들을 함께 불사를지니 이는 너희중에 악행이 없게 하려 함이니라 남자가 짐승과 교합하면 반드시 죽이고 너희는 그 짐승도 죽일 것이며 여자가 짐승에게 가까이하여 교합하거든 너는 여자와 짐승을 죽이되 이들을 반드시 죽일지니 그 피가 자기에게로 돌아가리라…"(레

20:10-21).

하나님이 이것들을 금했다는 것은 그 당시에 이런 일들이 다반사였다는 것을 시사해 주는 것입니다. 그래서 하나님의 윤리가 선포되기 전에는 아주 문란한 생활을 했었다는 것을 알 수 있습니다. 아직도 하나님을 모르고 믿지 않는 사회에서는 이런 일들이 비일비재하게 일어나고 있습니다. 그래서 에이즈 같은 병도 떠돌게 된 것입니다.

요즘에는 우리 나라에서도 간통죄를 없애자는 이야기들을 많이 합니다. 그런데 이것은 미국에서 그 나라의 문화에 접했던 사람들이 들어와서 주장하고 있는 것입니다. 그들은 두 사람 사이의 애정 문제에 국가가 간섭할 권리가 없다는 이유를 내세웁니다.

그러나 그렇게 되면 성적으로 더욱 문란하게 될 것은 불보듯 뻔한 일입니다. 물론 법이 있다고 해서 그런 사건들이 없어지는 것은 아니지만 그래도 그 법이 간통을 좀 줄이고 늦출 수 있는 장치가 되는 것입니다.

그리고 이 법은 약자인 여자를 보호하기 위해서 없애야 한다고 주장하는데, 그런 논리는 별로 설득력이 없습니다. 가능하면 막을 수 있는 데까지 막아야 합니다. 작년에 이혼사유 가운데 여자들의 간음이 52%가 됨으로써 이제는 여자들의 간음사건이 남자보다 더 많아졌습니다.

넷째/ 불신자들의 부정함을 본받는 죄
그리고 이방인의 부정한 생활을 본받지 말라고 말씀하고 있습니다.

"너희는 내가 너희 앞에서 쫓아내는 족속의 풍속을 좇지 말라 그들이 이 모든 일을 행하므로 내가 그들을 가증히 여기노라 내가 전에 너희에게 이르기를 너희가 그들의 땅을 기업으로 얻을 것이라 내가 그 땅 곧 젖과 꿀이 흐르는 땅으로 너희에게 주어 유업을 삼게 하리라 하였노라 나는 너희를 만민 중에서 구별한 너희 하나님 여호와라"(레 20:23-24).

로마서 12장에도 "너희는 이 세대를 본받지 말라"는 말씀이 있습니다.

국가가 규정하고 있는 법은 가장 최소한의 법들입니다. 국가의 법은 권력을 가진 사람들의 편리와 이익을 위해서 제정된 것들이 많기 때문에 그것을 지키는 것으로 자신의 의무가 끝났다고 생각하는 것은 믿는 사람의 태도라고 할 수 없습니다.

하나님을 믿는 사람은 하나님의 법에 따라서 살아야 합니다.

죄에 따른 형벌은 여러 가지가 있었습니다.

첫째는 돌로 쳐서 죽이는 경우입니다.

"남자나 여자가 신접하거나 박수가 되거든 반드시 죽일지니 곧 돌로 그를 치라 그 피가 자기에게로 돌아가리라"(레 20:27).

그 동네에 사는 사람들이 전부 돌을 들고 와서 죄인을 가운데 두고 둘러서서는 한꺼번에 돌을 던져 그를 죽이고 그 자리에 돌무덤을 만드는 것이 바로 돌로 치는 형벌입니다. 어느 한 사람이 죽이는 것이 아니라 모든 사람이 함께 죽이는 것이 되고, 그 무덤을 치우지 않고 그 자리에 둠으로써 마을 사람들에게 경각심을 갖게 하고 범죄를 통제하는 작용을 하게 했습니다.

둘째로 사형법도 있었습니다.

하나님이 얼마나 무서운지를 알리기 위해서 사형도 필요했습니다. 요즘에는 사형 폐지론자들도 많이 생기고 있습니다만 그것은 모든 법의 해석을 인간을 위주로 하기 때문에 생긴 주장입니다.

그 외에는 추방을 시키기도 하고 죽은 후에 다시 화형을 시키는 형벌도 있었습니다.

그리고 특기할 만한 것은 자식을 잃게 되거나 있는 자식을 없는 것처럼 만드는 경우가 있었습니다. 법적으로 그렇게 처리를 하는 것입니다.

> "누구든지 백숙모와 동침하면 그 백숙부의 하체를 범함이니 그들이 그 죄를 당하여 무자히 죽으리라 누구든지 그 형제의 아내를 취하면 더러운 일이라 그가 그 형제의 하체를 범함이니 그들이 무자하리라"(레 20:20-21).

이렇게 형벌을 엄하게 하는 이유는 하나님의 백성은 거룩한 하나님께 속한 사람들이기 때문에 이방인들과는 전혀 다르기 때문입니다.

하나님의 백성은 하나님을 반영하는 사람입니다. 세상 사람들이 하나님을 알려면 믿는 사람들을 통해서 알 수 있습니다. 따라서 **하나님을 믿는 사람은 하나님의 모습을 생활과 태도에서 나타내야 할 의무가 있습니다.**

하나님은 거룩하신 분입니다. 따라서 우리도 거룩해야 합니다. 하나님의 자녀들은 세상 사람들에게 주시는 하나님의 편지인 것입니다. 하나님의 백성은 어디가 달라도 다르며 다른 사람이 보기에도 표가 나야 합니다.

제가 미국에서 제 딸 운전면허 시험에 따라간 적이 있었습니다.

그런데 면허시험관들 중에 흑인 한 분은 아주 기쁨에 넘치는 얼굴을 하고 있었습니다. 그래서 제가 "당신은 무엇이 그렇게 즐거우냐?"고 물었습니다. 그랬더니 하는 말이 "나의 마음 가운데는 예수님이 계시기 때문"이라는 것이었습니다.

저는 그 사람의 얼굴을 보면서 하나님의 모습을 가지고 살아가려고 하는 사람의 모습이라고 생각했습니다. 늘 하나님을 마음 속에 모시고 즐겁고 감사한 마음으로 살아간다면 믿지 않는 사람들이 보기에도 무언가 다른 사람들이 될 것입니다.

26절을 보십시오. 하나님의 백성만이 갖는 특권에 대해 말씀하십니다.

"너희는 내게 거룩할지어다 이는 나 여호와가 거룩하고 내가 또 너희를 나의 소유를 삼으려고 만민 중에서 구별하였음이니라."

이것은 우리에게 성별의 특권을 주셨다는 말씀입니다. 만민 중에서 선택받은 그 특권을 지켜나가고 유지하는 것은 우리의 순종 여부에 달려 있는 것입니다.

제사장에 대한 율례

레위기 21, 22장은 제사장과 희생제사에 대한 규정을 기록하고 있습니다. 제사장이 되는 데에는 몇 가지의 조건이 있습니다.

첫째/ 몸과 마음이 깨끗해야 합니다.

제사장들은 가족 이외의 다른 사람의 시체에는 접근을 하지 말고 몸을 깨끗하게 유지해야 했습니다. 또 성적으로 깨끗해야 합니다.

"여호와께서 모세에게 이르시되 아론의 자손 제사장들에게 고하여 이르라 백성 중의 죽은 자로 인하여 스스로 더럽히지 말려니와 골육지친인 부모나 자녀나 형제나 출가하지 아니한 처녀인 친 자매로 인하여는 몸을 더럽힐 수 있느니라"(레 21:1-3).

그리고 제사장은 가족 외에는 곡을 하는 것도 금지되었습니다. 정서적 안정을 위해서입니다.

"자기 형제 중 관유로 부음을 받고 위임되어 예복을 입은 대제사장은 그 머리를 풀지 말며 그 옷을 찢지 말며 어떤 시체에든지 가까이 말지니 부모로 인하여도 더러워지게 말며 성소에서 나오지 말며 그 하나님의 성소를 더럽히지 말라 이는 하나님의 위임한 관유가 그 위에 있음이니라 나는 여호와니라"(레 21:10-12).

또 슬프다고 해서 아무 데서나 함부로 우는 것도 허락되지 않았습니다. 여기서 곡을 한다는 것은 아주 비통한 목소리로 우는 것을 말합니다.

그러므로 이런 곡을 금하였다는 것은 제사장들은 자기 가족들의 일 이외에는 극심한 감정을 드러내는 것에 대해서 조심해야 한다는 말입니다. 제사장의 감정이 정제되지 않은 채로 노출되는 것을 보았을 때는 다른 사람들의 존경을 잃게 될 수도 있습니다.

성령의 열매 마지막이 절제입니다. 절제란 자기 자신을 스스로 통제하는 것을 말합니다.

자기가 할 이야기는 다 해야만 한다고 생각하고 그것을 마치 솔직한 사람의 전형인 것처럼 말하는 사람이 있습니다. 그러나 그것은 잘못된 생각입니다.

언제 어떤 상황에서 어떤 단어를 써서 이야기를 하는 것이 가장 좋은 것인가를 생각하고 나서 말하는 절제있는 언어생활이 옳은 태도입니다. 자신의 기분이 내키는 대로 상대방이야 어떤 상처와 피해를 받게 되든지 관계없이 말을 하는 사람들은 제사장의 자격을 얻을 수 없는 사람이었습니다.

말에 대해서도 자기 자신을 정결케 보존해야 할 의무가 제사장들에게 부여된 것입니다.

구약의 이런 규정들은 눈에 보이는 가시적인 것으로 규정하고 있지만 사실은 눈에 보이지 않는 영적인 것으로 넓게 해석해야 합니다. 그 속에는 신약에서 말하는 영적인 진리가 있습니다.

그래서 단순히 몸을 깨끗이 하라는 의미를 넘어서 영적으로도 더러운 것들을 가까이 하지 않도록 해야 합니다. 좋지 않은 말들을 듣기를 기부해야 힐 깃이요 눈으로는 부정한 것들을 보지 않도록 해야 합니다.

자신이 성결과 사랑으로 충만한 사람이라야 다른 사람들을 성결하게 하고 사랑 넘치는 사람으로 만들 수 있습니다.

희망이나 만족도 마찬가지입니다. 먼저 지도자가 어떤 사람인가에 따라서 그 백성들에게 줄 수 있는 것들이 달라지는 것입니다.

둘째/ 제사장은 가정에 충실한 사람이어야 합니다.

제사장은 창녀였던 여자와는 결혼할 수 없고 몸을 버린 여자와도 결혼할 수 없습니다. 반드시 처녀와의 결혼만이 허락되었습니다.

"그들은 여호와의 화제 곧 그 하나님의 식물을 드리는 자인즉 거룩할 것이라 그들은 기생이나 부정한 여인을 취하지 말 것이며 이혼 당한 여인을 취하지 말지니 이는 그가 여호와께 거룩함이니라 너는 그를 거룩하게 하라 그는 네 하나님의 식물을 드림이니라 너는 그를 거룩히 여기라 나 여호와 너희를 거룩하게 하는 자는 거룩함이니라 아무 제사장의 딸이든지 행음하여 스스로 더럽히면 그 아비를 욕되게 함이니 그를 불사를지니라"(레 21:7-9).

이것은 가정 생활을 하는 데 있어서 하나의 원리라고 할 수 있습니다. 한 남편과 한 아내로 건전하고 건강한 생활을 하는 사람만이 제사장의 자격이 있었습니다.

그리고 자라면서도 몸과 마음과 영혼에 상처가 될 자극적인 경험이 없는 사람이라야 유리했습니다. 자극적인 경험이 있는 사람들은 정서적으로 받은 상처들이 남아있기 때문에 평생 그 기억으로 인한 괴로움을 당하게 되는 경우가 많이 있습니다. 그래서 가능하면 흠이 없는 사람으로 제사장을 삼도록 했습니다.

셋째/ 몸이 건강하고 신체에 장애가 없어야 했습니다.

"여호와께서 모세에게 일러 가라사대 아론에게 고하여 이르라 무릇 너의 대대 자손 중 육체에 흠이 있는 자는 그 하나님의 식물을 드리려고 가까이 오지 못할 것이라 무릇 흠이 있는 자는 가까이 못할지니 곧 소경이나 절뚝발이나 코가 불완전한 자나 지체가 더한 자나 발 부러진 자나 손 부러진 자나 곱사등이나 난장이나 눈에 백막이 있는 자나 괴혈병이나 버짐이 있는 자나 불알 상한 자나 제사장 아론의 자손 중에 흠이 있는 자는 나아와 여호와의 화제를 드리지 못할지니 그는 흠이 있은즉 나아와 하나님의 식물을 드리지 못하느니라"(레 21:16-21).

이 조건은 현재 목회자들에게 육신적으로만 해당되는 것이라고 생각해서는 안 됩니다. 영적으로나 육적으로나 정서적으로도 건강하고 원만한 사람이어야 한다는 것을 강조하고 있습니다.

그리고 이러한 성결의 요구는 성물에 대해서도 똑같이 적용이 되었습니다. 그래서 제사에 쓰이는 것들을 함부로 다룰 수 없게 하신 것입니다. 지금으로 말하면, 이런 성물은 성경 등과 같은 귀중한 물건을 말하는데, 오늘날에는 성경을 조심스럽게 생각은 해야 하겠지만 옛날의 성물처럼 다루지는 않습니다.

저희가 어렸을 때 성경책을 베고 낮잠을 자는 것을 엄격하게 금했습니다. 성경을 아주 소중하고 조심스럽게 대합니다. 성경 자체가 문제가 아니라 성경은 하나님의 말씀이 들어 있는 책이기 때문입니다.

저희 어머니의 경우는 우리가 주일날에만 입는 옷을 따로 정해주셨습니다. 그 옷은 예배를 드리러 갈 때만 입게 하고 다시 고이 개서 넣어 두셨습니다. 심지어는 양말이나 구두도 따로 준비했습니다. 헌금도 새 돈으로 따로 준비를 하셨습니다.

저는 어머니의 그런 태도가 아주 인상적으로 남아 있어서 어머니와 함께 살았던 짧은 기간 동안 받았던 그 영향이 평생을 지배하는 것이 되었습니다. 나중에 배운 신론의 하나님에서보다 어머니가 섬기는 하나님에서 더욱 친숙하고 경건하게 하나님을 만날 수 있게 된 것입니다.

요즘에도 그렇게 주일을 지키는 사람들이 있는지 모르겠습니다. 모든 면에 있어서 어릴 때에 부모들이 보여 주는 모습이 자녀들의 신앙에 큰 영향을 미친다는 것을 부모들은 알아야 합니다.

요즘의 부모들은 아이들을 너무 방치해서 기르는 경향이 있습니다. 아이들이 저지르는 사고나 좋지 않은 행동들을 오히려 대견스럽고 재미있게 생각하고 있는 것 같습니다. 예배 시간과 놀이 시간을 구분하지 못 하고 떠들고 돌아다니는데도 그 아이에게 주의를 줄 생각을 하지 않고 그저 보고 있습니다. 꼭 주의시키라는 말을 해야만 못이기는 듯한 태도로 아이에게 주의를 주거나 데리고 나갑니다.

그래서야 아이들이 예배 시간에 대한 개념이 바로 설 수 있겠습니까? 아이를 강압하지 않고 자율적으로 기른다는 것과 버릇없고 사리 분별이 없이 기르는 것은 명백하게 구분이 되어야 합니다.

부모들에게 그것을 구분하는 능력이 부족한 것 같습니다. 자유가 지나치면 방종이 됩니다. 그것을 구분하는 방법은 어렸을 때에 부모들이 가르쳐야 합니다.

넷째/ 하나님께 가장 좋은 것을 바치는 사람이어야 합니다.

마지막으로, 제사장은 하나님께 제물을 바칠 때에는 가장 좋은 것으로 바치라고 하셨습니다.

"여호와께서 모세에게 일러 가라사대 아론과 그 아들들과 이스라엘 온 족속에게 고하여 이르라 이스라엘 자손이나 그 중에 우거하는 자가 서원제나 낙헌제로 번제를 여호와께 예물로 드리려거든 열납되도록 소나 양이나 염소의 흠 없는 수컷으로 드릴지니 무릇 흠 있는 것을 너희는 드리지 말 것은 그것이 열납되지 못할 것임이니라"(레 22:17-22).

좋은 것이 있으면 먼저 하나님부터 생각하고 하나님께 드릴 것은 가장 좋은 것을 선택합니다. 그리고 기쁜 마음으로 자원해서 바쳐야 합니다.

하나님을 사랑하는 마음이 있으면 자연스럽게 될 수 있는 일이지만 억지로 하려고 할 때에는 문제를 일으키게 됩니다.

사랑의 초점을 하나님께 맞추면 하나님을 먼저 생각하고 온전한 것을 드리는 일이 그렇게 어려운 일이 아닙니다. 자연스러운 순리가 되기 때문입니다.

우리가 하나님께 드리는 제물은 우리의 헌신의 표현입니다. 사도 바울이 로마서 12장에서 말씀하셨듯이 "우리 자신을 하나님이 기뻐하시는 산 제사"로 드려야 하지만, 그렇다고 우리 스스로를 번제로 불태울 수는 없는 일이기 때문에 구약시대에는 희생제물로, 오늘날에는 시간과 찬양과 헌금과 봉사의 제물로 하나님께 드리는 것입니다.

우리가 드리는 헌금이나 시간의 제물은 레위기에서 말씀하시는 것과 마찬가지로 처음 것이어야 하고, 온전한 것이어야 합니다. 헌금의 의미가 우리가 가진 모든 제물이 하나님의 것이라는 데에 대한 동의와 감사의 상징이기 때문입니다.

그러므로 우리는 하나님께 제물을 드릴 때에 가장 먼저 구별한 것으로 하나님께 드려야 합니다. 쓰고 남은 돈을 헌금하는 것이 아닙니다. 하나님은 돈이 없어 우리에게 구걸하는 분이 아니고, 쓰고 남은 돈을 저축하는 은행이 아닙니다. 하나님은 우리가 가진 모든 재물의 주인이십니다. 하나님은 우리가 가진 재물을 기뻐하시는 것이 아니라 하나님께 드리고자 하는 감사와 자원하는 마음을 기뻐하시는 분입니다.

하나님께 드릴 때에 가장 먼저 구별한 온전한 헌금을 드려 하나님을 기쁘시게 하십시오. 하나님께 시간을 드릴 때에 쓰고 남은 시간 중에 자투리 시간이 아니라 온전한 시간, 처음부터 계획하고 구별한 온전한 시간을 드리는 여러분이 되시기를 기도합니다.

제 10 장

하나님의 날을 지키라

"…이것들은 여호와의 절기라 너희는 공포하여 성회를 삼고 번제와 소제와 희생과 전제를 각각 그 날에 여호와께 화제로 드릴지니 이는 여호와의 안식일 외에, 너희의 헌물 외에, 너희의 모든 서원 예물 외에, 너희의 모든 낙헌 예물 외에 너희가 여호와께 드리는 것이니라 너희가 토지 소산 거두기를 마치거든 칠월 십오일부터 칠일 동안 여호와의 절기를 지키되 첫날에도 안식하고 제 팔일에도 안식할 것이요 첫날에는 너희가 아름다운 나무 실과와 종려 가지와 무성한 가지와 시내 버들을 취하여 너희 하나님 여호와 앞에서 칠일 동안 즐거워할 것이라 너희는 매년에 칠일 동안 여호와께 이 절기를 지킬지니 너희 대대로의 영원한 규례라 너희는 칠월에 이를 지킬지니라 너희는 칠일 동안 초막에 거하되 이스라엘에서 난 자는 다 초막에 거할지니 이는 내가 이스라엘 자손을 애굽 땅에서 인도하여 내던 때에 초막에 거하게 한 줄을 너희 대대로 알게 함이니라 나는 너희 하나님 여호와니라 모세가 여호와의 절기를 이스라엘 자손에게 공포하였더라"(레 23:1-44).

하나님의 날을 지키라

레위기 23장은 절기에 대한 규정입니다. 이스라엘의 모든 절기에는 7이라는 단위로 이루어져 있습니다. 즉 7일, 7주, 7년, 7년의 7번 등 이스라엘의 절기에는 7과 관련된 특별한 의미가 있습니다.

숫자는 그것이 말하는 정수의 개념도 있지만 그 수가 상징하는 의미도 있습니다. 우리는 이 두 가지를 다 중요하게 생각해야 합니다. 7은 일곱이라는 수를 나타내기도 하는 동시에 '완전'을 의미하는 수이기도 합니다.

그러나 너무 상징에만 매달리다 보면 객관성을 잃고 주관적으로 해석하게 되는 경향이 생깁니다. 그런 사람들은 숫자를 알레고리나 상징으로만 이해하게 됩니다.

예를 들어서, "하나님이 칠 일째에 쉬셨다"라고 하는 말은 꼭 "일곱 번째 되는 날에 쉬셨다"는 것이 아니라 "완전한 휴식을 취하셨다"라고 해석하거나, "예수님이 사십 일을 금식하셨다"는 것은 "40일이 아니라 오랜 시간을 금식했다는 이야기이다"라고 말합니다.

이것은 지나치게 자의적인 해석입니다. 어느 한 쪽으로만 성경을 해석하는 것은 아주 위험한 해석 방법입니다. 누가 들어도 타당성을 가진 해석을 할 수 있어야 신뢰할 수 있는 해석이라고 할 수 있을 것입니다.

하나님은 정해진 때에 특별한 예배를 드리도록 규정해 놓으셨습니다. 그리고 그 모든 절기에는 7이라는 개념이 들어 있습니다. 매주, 매달, 매년, 그리고 7년에 한 번, 7년이 일곱 해 지난 다음 해인 50년에 한 번씩의 절기를 지키고 예배를 드리도록 정하신 것입니다.

이렇게 정기적으로 예배를 드리도록 하신 이유는 하나님의 은혜를 생각하지 않을 수 없게 하기 위해서였습니다. 하나님은 인간이 원하건 원하지 않건을 불문하고 제도화해서 예배를 드리도록 하셨습니다.

인간의 자의에 맡겨 두면 잊거나 태만할 것이 너무나 뻔한 사실이기에 그렇게 하신 것입니다. 인간의 기질은 강제하지 않으면 자멸의 길로 들어서는 경향이 있기 때문에 영적인 생활에도 규범을 정하셨습니다.

희랍의 플라토니우스라는 철학자는 플라톤이 기술한 『공화국』을 모델로 해서 도시를 하나 만들어야겠다고 생각하고 '플라토폴리스'라고 하는 도시를 세웠으나 얼마 가지 못해서 실패하고 말았습니다.

이상적이었으나 그는 인간의 근본적인 죄성을 생각하지 못했던 것입니다. 공산주의가 패망한 것도 이념이 반드시 나쁘기 때문이 아니었습니다. 사람들의 근본적인 죄성을 전혀 고려하지 않았기 때문에 망한 것입니다.

어떻게 보면 신앙은 가장 자율에 맡겨야 하는 것이라고 생각할 수 있지만, 그동안 자율에 맡겼던 실험들은 거의 실패했습니다. 옛날 기독교에서 세운 학교들이 미국이나 우리 나라에서도 기독교학교로서는 실패해서 다른 사회 재단이나 정부에서 세운 대학과 별로 차이가 나지 않는 상태에 있지 않습니까?

신앙을 자율에 맡긴다는 것은 선을 죄성에 내어준다는 것과 같습니다. 신앙은 규범이 없으면 지킬 수도 성장할 수도 없습니다. 그래서 하나님께서도 예배를 정례화하고 체계화시켰던 것입니다.

사회에서 통용되고 있는 철학들은 언뜻 들으면 옳은 이야기처럼 들리고 설득력이 있습니다. 그러나 우리 믿는 사람들이 그들의 이념을 그대로 따라가서는 안됩니다. 그들의 철학적 바탕에 깔린 전제들에는 인간의 본성에 대한 깨달음보다는 마땅히 해야 할 당위성들에 더 많이 기초하고 있습니다.

전제가 틀려 있으면 아무리 그 이론을 발전시켜도 결론이 잘못됩니다. 그리고 상대주의적인 결론을 절대주의자인 우리들이 그대로 받아들일 수는 없는 일입니다.

이제 하나님께서 정하신 절기들과 그 의미들을 하나씩 살펴보기로 합시다.

안식일

하나님이 정하신 절기 중에서 가장 자주 돌아오는 절기가 바로 일주일에 한 번씩 돌아오는 안식일입니다. 지금은 주일로 변한 이 안식일은 가장 대표적인 절기입니다.

> "여호와께서 모세에게 일러 가라사대 이스라엘 자손에게 고하여 이르라 너희가 공포하여 성회를 삼을 여호와의 절기는 이러하니라 엿새 동안은 일할 것이요 일곱째 날은 쉴 안식일이니 성회라 너희는 무슨 일이든지 하지 말라 이는 너희 거하는 각처에서 지킬 여호와의 안식일이니라"(레 23:1-3).

그러면 이 안식일의 의미는 무엇입니까?

첫째/ 안식일은 하나님이 정하신 날입니다.

안식일도 한 두 번씩 빠지기 시작하면 점점 안식일에 대한 의식은 약해집니다. 자주 돌아오는 만큼 어기기도 쉽고 그 중요성을 잃게 되기도 쉬운 절기인 것입니다.

지키지 않아도 아무런 불편한 일이 일어나지 않으니까 더욱 어기기가 쉽습니다. 그러나 어떤 이유도 하나님 앞에서 핑계할 수 없는 날이 올 것입니다. 어긴 만큼 심판이 따라옵니다.

그러나 명심해야 합니다. 안식일은 하나님이 정하신 날입니다.

둘째/ 안식일 전 육 일을 열심히 일하는 것이 안식일의 참뜻입니다.

안식일에 대한 계명은 보통 "안식일을 기억하여 거룩하게 지키라"라는 말만 하고 끝납니다. 그러나 그것은 크게 잘못된 것입니다. 실제에 있어서는 "안식일을 거룩하게 지키라"는 것만큼 앞부분인 "엿새 동안을 힘써 일하라"는 말도 중요합니다.

안식일을 지키라는 계명은 열심히 일하는 엿새 때문에 생긴 것입니다. 그래서 안식일을 안 지키는 것은 한 가지를 어기는 것이지만 엿새를 잘 지키라는 것을 어기는 것은 여섯 날을 어기는 것입니다.

주일 성수를 말하려면 반드시 나머지 엿새가 전제되어야 합니다. 안식일은 엿새 동안 힘써 일하는 것이 없으면 의미가 없다는 것을 알아야 합니다.

미국에 이민을 간 한국 교포들은 아무리 시련이 있어도 걱정하지 않아도 될 만큼 근면하고 부지런합니다. 그들은 잿더미를 딛고서도 일어날 수 있는 사람들입니다. 미국인들이 하는 것보다 훨씬 많이 일하고 노력하기 때문에 자기 가정을 돌보는 데 성공합니다.

그렇게 일하는 사람들에게만이 하나님의 전에 나가서 편히 쉬는 것이 의미가 있습니다. 열심히 일하는 자만이 쉴 수 있는 권리가 있습니다. 바울 사도가 "일하기 싫으면 먹지도 말라"고 한 것도 이런 뜻에서였습니다.

셋째/ 안식일에는 몸과 마음과 영혼의 회복에 의미가 있습니다.

안식일과 관련해서는 또 한 가지 주목해볼 점이 있습니다. 365일을 매일 일하는 사람과 일주일에 하루는 쉬는 사람들을 비교해 보면, 쉬면서 일하는 것이 쉬지 않고 일하는 것보다 훨씬 더 능률적이라는 것을 알 수 있습니다. 사람의 체력이라고 하는 것은 한계가 있어서 늘 열심히 일한다고 해서 그만큼의 능률이 오르는 것이 아니기 때문입니다. 오히려 쉬면서 일하는 사람들이 매사에 훨씬 여유를 갖고 사는 사람들이 됩니다.

넷째/ 안식일의 주안점은 휴식에 있습니다.

요즘도 특정한 교파에서는 안식일에 금하는 것들이 많이 있습니다. 심지어 돈을 내고 버스를 타는 것을 금지하는 경우도 있었습니다. 안식일에 밥을 짓는 것도 금한적도 있었습니다.

그러나 안식일에 중요한 것은 평안한 마음으로 쉬는 것이지, 여러 가지를 복잡하게 따져서 되고 안 되고를 가리는 것이 아닙니다. 본래 하나님은 사람을 위해 안식일을 만드셨는데, 이것저것 율법주의적으로 규제하다 보면 사람이 안식일을 위해 있게 될 가능성도 있습니다.

이느 안식일날 예수님과 제자들이 밀밭 사이를 지나가 제자들이 밀이삭을 비벼서 먹은 적이 있었습니다. 그들은 배가 고팠던 것입니다. 그런데 그 모습을 본 바리새인들은 밀을 비비는 행위를 타작하는 것과 동일하게 보고 예수님과 제자들이 안식일을 범했다고 비난했습니다. 그 때 예수님께서 안식일의 주인은 주님이시고 안식일은 사람을 위해 있는 것이라고 안식일의 목적을 밝혀 주셨습니다.

제가 어려서 교회를 다닐 때는 집에서 교회까지 한 시간을 걸어서 가야 했습니다. 집 앞에서 전차를 타면 바로 교회까지 갈 수 있었는데도 전차를 타지 않고 그 먼 길을 걸어서 교회에 갔습니다. 안식일에 전차표를 사면 안된다고 모두가 믿었고 그 때는 그것이 마땅한 일이었습니다.

지금 생각하면 안식일을 잘 지키려고 했던 정신을 좋았지만 지나치게 형식에 얽매였던 것 같다는 생각이 듭니다. 그 날은 하나님을 생각하기 위해서 구별해 놓은 날이기 때문에 몸과 마음과 영혼의 쉼을 위해서 충분한 안식을 취하면서 하루를 지내면 되는 것입니다.

안식일을 지키는 것은 비단 하나님을 섬기는 사람들뿐 아니라 전세계의 모든 사람들에게 아주 적절한 절기로 인정되고 있습니다. 그래서 예수를 믿든지 안믿든지 간에 일주일에 하루는 쉬는 습관을 지키고 있습니다. 기독교는 인류에게 7일 단위의 달력을 통해 정기적 쉼을 주어 삶의 질을 높였습니다.

세상 사람들도 그런데 더구나 믿는 사람들은 엿새간은 세상의 풍파 속에 살다가도 하루는 그 먼지들을 떨어내는 시간이 필요합니다. 그동안에 받은 스트레스들도, 기도하고 찬송하면서 풀고 하나님의 말씀으로 자신의 더러워진 심령을 씻어내기도 하는 시간이 반드시 필요한 것입니다.

그래야 다시 세상을 향해서 나갈 수 있는 힘이 생기고 새로운 심령으로 다시 시작하고자 하는 의욕이 생기는 것입니다.

다섯째/ 안식일은 하나님을 위한 날입니다.

안식일이 휴식을 위한 날이라고 해서 이 날이 가족들과 함께 야외로 놀러 나가거나 집안에서 텔레비전이나 보라는 날은 아닙니다. 안식일은 여호와를 위한 휴식일입니다. 그러므로 안식일에 우리가 해야 할 일은 하나님께 예배드리고 하나님께 감사하며 하나님을 기억하는 일입니다.

사람은 영과 육이 있는 존재입니다. 육체만 쉬는 것이 휴식이 아닙니다. 영적인 존재인 사람은 영이신 하나님을 찬양하고 예배드릴 때 참으로 진정한 영적 휴식도 얻을 수 있는 것입니다.

유월절

하나님이 정하신 또 하나의 절기는 유월절입니다. 유월절은 니산월 (9-10월) 14일 해가 지는 저녁부터 시작되는 절기로 이스라엘로서는 아주 중요한 절기입니다.

"기한에 미쳐 너희가 공포하여 성회로 삼을 여호와의 절기는 이러하니라 정월 십사일 저녁은 여호와의 유월절이요"(레 23:4-5).

유월절의 의미는 다음과 같은 세 가지로 살펴볼 수 있습니다.

첫째/ 유월절은 하나님께서 정하신 날입니다.

유월절은 하나님께서 직접 정하시고 명하신 절기입니다. 개천절이나 국군의 날처럼 사람이 만든 날이 아닙니다. 하나님이 정하신 날이라고 하는 것은 그만큼 유월절이 이스라엘 민족이 하나님과 갖는 관계에서 뗄 수 없는 중요한 날이라는 의미입니다.

둘째/ 유월절은 니산월 14일 해지는 시각부터 시작됩니다.

이 날은 이스라엘의 출애굽 역사가 본격적으로 시작된 날이었습니다. 모세의 아홉 가지 재앙과 경고에도 불구하고 강팍하기만 하던 바로 왕이 하나님으로부터 심판을 받아 애굽의 모든 사람과 가축의 처음 난 것이 죽임을 당하던 바로 그 날이었습니다.

그러나 세상에는 심판과 멸망의 날인 이 날이 하나님의 백성들에게는 구원과 감격의 날이었습니다. 문설주에 칠한 어린 양의 피가 이스라엘 백성들의 목숨을 구한 바로 그 날이었습니다. 미래에 있을 최후 심판의 날도 세상 사람들에게는 절망의 날이지만 하나님의 자녀들에게는 승리의 날입니다.

셋째/ 참 유월절 어린 양은 바로 예수 그리스도입니다.

이 절기는 근본적으로 예수님이 우리들의 유월절 양되신 것을 의미합니다. 하나님의 어린 양이 모든 절기의 중심이 되기 때문입니다.

유월절은 무교절과 곧바로 이어지는데 누룩을 넣지 않는 빵을 먹으며 7일 동안 이어지는 절기로 유대민족을 애굽의 압제에서 구원해 내신 하나님의 역사와 그 구원의 긴급성을 기억하기 위해서 하는 축제입니다.

최초의 유월절 당시에는 빵에 누룩을 넣어서 구울 만한 시간이 없었습니다. 죽음으로부터 탈출하는 그 긴급한 시간에 어떻게 누룩을 넣어 부풀린 빵을 먹을 시간이 있었겠습니까?

세속적 악에 대한 도피와 구원은 시간적 여유를 전혀 허락하지 않습니다. 죄의 습관을 벗어나려고 할 때는 빨리 발을 빼야 합니다. 이스라엘 백성들은 유월절을 지키면서 하나님이 자신들을 해방시키고 구원하신 역사와 그 구원의 긴급성을 다시 한 번 기억하고자 했던 것입니다. 이러한 축제를 통해서 그 사건을 겪지 못한 후손들에게도 이스라엘의 하나님이 어떤 분이신지를 기억할 수 있도록 한 것입니다.

무교절

무교절이란 누룩을 넣지 않는 빵을 먹는 날이란 의미입니다. 누룩은 신약에서는 죄나 허식을 의미하기도 했습니다. 그래서 누룩을 넣지 않는 빵을 먹는다는 것은 위선을 버리고 거룩한 생활을 한다는 것을 뜻하기도 했습니다.

무교절에는 노동을 금하고 화제를 드렸습니다. 신약에서는 이 절기의 전통을 이어서 악을 버리는 거룩한 삶에 대해서 말씀하고 있습니다.

> "이 달 십오일은 여호와의 무교절이니 칠일 동안 너희는 무교
> 병을 먹을 것이요 그 첫날에는 너희가 성회로 모이고 아무 노
> 동도 하지 말지며 너희는 칠일 동안 여호와께 화제를 드릴 것
> 이요 제 칠일에도 성회로 모이고 아무 노동도 하지 말지니라"
> (레 23:6-8).

무교절에는 이런 의미가 있습니다.

첫째/ 무교절은 본래 유월절과 연결된 절기입니다.

유월절 애굽의 장자가 죽는 재앙이 있은 후 마침내 바로는 이스라엘 백성의 출애굽을 허락하였습니다. 그래서 그 다음날로 이스라엘 백성들은 급히 애굽을 떠나 광야로 향했습니다. 무교절은 이렇게 황급하게 떠난 날을 기념하는 날이므로 유월절이 아니면 있을 수 없는 절기였습니다.

둘째/ 무교절에는 무교병을 먹어야 합니다.

무교절이란 말 자체가 누룩이 없는 빵을 먹는 날이란 뜻입니다. 그러니 무교병(無驕餅)을 먹는 것은 당연한 일입니다. 원래 무교병은 급하게 애굽을 떠나느라고 누룩을 넣고 빵을 구울 만한 시간적 여유가 없었음을 기억하고 기념하는 날이지만, 여기에는 신앙의 순수성을 해치는 이단사설이나 위선이 없는 상태를 유지한다는 영적인 의미도 있습니다.

셋째/ 무교절은 니산월 15일부터 7일간 계속됩니다.

유월절이 니산월 14일이니까 무교절은 그 다음날 15일부터 7일간을 지켜야 합니다.

넷째/ 무교절에는 노동을 금하고 화제를 드렸습니다.

무교절의 첫날과 마지막날에는 성회가 열렸습니다. 그리고 이 날에는 어떤 노동도 하지 않았습니다. 그리고 이때에는 하나님께 화제를 드렸는데 화제로 드린 제물들의 종류에 대해서는 민수기 28장 16절에서 24절에 기록되어 있습니다.

다섯째/ 무교절은 악을 버린 거룩한 삶이 필요하다는 것을 보여줍니다.

무교절은 세상적인 누룩이 없는 날입니다. 세상적인 악이 없는 날입니다. 이에 대해서는 고린도전서 5장 7, 8절과 고린도후서 7장 1절, 갈라디아서 5장 7절에서 9절에서는 말씀하고 있습니다.

"너희는 누룩 없는 자인데 새 덩어리가 되기 위하여 묵은 누룩을 내어버리라 우리의 유월절 양 곧 그리스도께서 희생이 되셨느니라 이러므로 명절을 지키되 묵은 누룩도 말고 괴악하고 악독한 누룩도 말고 오직 순전함과 진실함의 누룩 없는 떡으로 하자"(고전 5:8-9).

첫 열매절

레위기 23장 9절에서 14절의 첫열매는 가나안 땅에 도착해서 지은 첫농사의 열매를 드렸던 것을 기념하는 것입니다. 이것은 현재의 믿는 사람들에게도 잘 지키도록 가르쳐야 할 중요한 절기입니다.

무엇이든 소산의 첫 열매를 먼저 하나님께 드리려는 마음이 있어야 합니다. 절기에 대한 의무감 때문이 아니라 그것을 주신 분이 하나님이라는 것을 기억하고 그 주신 것에 대한 감사를 하는 정신이 필요한 것입니다.

사업을 시작해서도 그 첫 수입을 하나님께 드리는 것을 당연한 것으로 알아야 합니다. 주신 것에 감사하는 사람에게 하나님은 더큰 축복을 더하십니다.

축복을 주시는 이가 하나님이심을 기억하는 것은 성도로서 마땅히 가져야 할 생각입니다. 누가 시켜서가 아니라, 강제로 규정을 해서가 아니라 진정 자신의 마음 가운데에 이런 의식을 가지고 있는 사람이라야 하나님을 창조주요 구원자로 믿는 사람이라고 할 수 있습니다.

모든 축복의 근원을 하나님으로 생각한다면 그 첫열매를 드리는 일이 그렇게 어려운 일이 될 수 없을 것입니다. 성도들은 어떤 일에든지 하나님 제일주의로 살아야 하는 사람들입니다.

이렇게 산다면, 적어도 예수 믿는 사람들에게는 과소비라는 말이 있을 수 없을 것입니다. 받은 은혜에 감사해서 다시 하나님과 하나님의 일을 위해서 바쳐야 할 곳들이 얼마나 많은데 자신을 위해서 과소비할 물질이 남아있겠습니까?

엄밀히 말하면 같은 수입을 가지고도 예수 믿는 사람들은 안 믿는 사람들보다 20퍼센트는 덜 가지고 생활할 수밖에 없게 되어 있습니다. 먼저 10퍼센트를 십일조로 먼제 떼어 하나님께 드리고, 이밖에도 선교헌금이나 구제헌금 등으로 드리다보면 금방 20퍼센트를 넘어갑니다.

가까이는 교회에서부터 멀리는 아프리카의 르완다까지 우리들의 도움을 필요로 하는 사람들이 얼마나 많습니까? 그것도 어쩌다 마음이 내키면 하는 것이 아니라 정기적으로 해야 하는 일이기 때문에 헌금을 드릴 때는 계획성이 있어야 합니다.

그러니까 삶의 지혜가 필요할 수밖에 없습니다. 그런데 물질을 지혜롭게 사용하지 않고 하나님께 드리지 않아서 남아도는 돈을 자신이 먹고 마시며 즐기는 데 쓰니까 과소비라는 말이 나오는 것입니다.

이스라엘 백성들은 일단 농사를 지어서 거둔 첫 이삭단은 제사장에게 가져와서 드리고 여호와 앞에서 흔들게 되어 있었습니다. 그리고 일 년된 흠이 없는 양을 번제로 바치고 곡식가루와 기름을 섞어 불에 태우며 그 위에 포도주를 붓습니다. 향기로운 제물입니다.

우리가 첫 열매절과 관련하여 생각해 보아야 할 것은 다음과 같은 것들입니다.

첫째/ 첫 열매절은 가나안에 도착했을 때의 추수에 대한 규정을 말씀해줍니다.

"여호아께서 모세에게 일러 가라사대 이스라엘 사손에게 고하여 이르라 너희는 내가 너희에게 주는 땅에 들어가서 너희의 곡물을 거둘 때에 위선 너희의 곡물의 첫 이삭 한 단을 제사장에게로 가져갈 것이요"(레 23:9-10).

둘째/ 첫 열매절에는 첫 이삭단을 제사장에게 가져와서 여호와 앞에서 흔들었습니다.

"제사장은 너희를 위하여 그 단을 여호와 앞에 열납되도록 흔들되 안식일 이튿날에 흔들 것이며"(레 23:11).

셋째/ 이 때 일 년된 무흠한 양을 번제로 바쳤습니다.

"너희가 그 단을 흔드는 날에 일년 되고 흠 없는 수양을 번제로 여호와께 드리고"(레 23:12).

넷째/ 곡식 가루와 기름을 섞어 불에 태우고 포도주를 부었습니다.

"그 소제로는 기름 섞은 고운 가루 에바 십분 이를 여호와께 드려 화제를 삼아 향기로운 냄새가 되게 하고 전제로는 포도주 힌 사 분 일을 쓸 것이며"(레 23:13).

다섯째/ 첫 열매를 하나님께 먼저 제물로 바친 후 수확한 것을 먹었습니다.

"너희는 너희 하나님께 예물을 가져오는 그 날까지 떡이든지 볶은 곡식이든지 생 이삭이든지 먹지 말지니 이는 너희가 그 거하는 각처에서 대대로 지킬 영원한 규례니라"(레 23:14).

여섯째/ 첫 열매절은 예수님의 부활을 상징합니다.

그런데 첫 열매절 예식보다 더 중요한 것은 이 날이 바로 첫 열매가 되시는 예수님을 기억하는 것입니다. 고린도전서 15장 22, 23절, 데살로니가전서 4장 13절에서 18절을 보면 첫 열매가 예수님의 부활을 상징한다는 것을 알 수 있습니다.

"아담 안에서 모든 사람이 죽은 것 같이 그리스도 안에서 모든 사람이 삶을 얻으리라 그러나 각각 자기 차례대로 되리니 먼저는 첫 열매인 그리스도요 다음에는 그리스도 강림하실 때에 그에게 붙은 자요"(고전 15:22-23).

오순절

레위기 15절에서 22절에 나오는 것은 오순절에 대한 규례입니다. 오순절에 대해서는 이미 우리들이 잘 알고 있기 때문에 긴 설명을 할 필요가 없을 것입니다. 그래서 중요한 것만 간단히 살펴보도록 하겠습니다.

첫째/ 오순절은 첫 열매절 후 50일째 되는 날 시작됩니다.

"안식일 이튿날 곧 너희가 요제로 단을 가져온 날부터 세어서 칠안식일의 수효를 채우고 제 칠 안식일 이튿날까지 합 오십일 을 계수하여 새 소제를 여호와께 드리되"(레 23:15-16).

둘째/ 오순절 날에는 여러 가지 제물을 하나님께 드렸습니다.

"너희 처소에서 에바 십분 이로 만든 떡 두 개를 가져다가 흔들지니 이는 고운 가루에 누룩을 넣어서 구운 것이요 이는 첫 요제로 여호와께 드리는 것이며 너희는 또 이 떡과 함께 일년 되고 흠 없는 어린 양 일곱과 젊은 수소 하나와 수양 둘을 드리되 이들을 그 소제와 그 전제와 함께 여호와께 드려서 번제를 삼을지니 이는 화제라 여호와께 향기로운 냄새며 또 수염소 하나로 속죄제를 드리며 일년된 어린 수양 둘을 화목제 희생으로 드릴 것이요 제사장은 그 첫이삭의 떡과 함께 그 두 어린 양을 여호와 앞에 흔들어 요제를 삼을 것이요 이것들은 여호와께 드리는 성물인즉 제사장에게 돌릴 것이며"(레 23:17-20).

오순절 날 드리는 제물은 떡 두 개와 어린 양 일곱과 젊은 수소 하나와 수양 둘로 드리는 화제와, 수염소 하나와 어린 양 둘로 드리는 화목제, 떡과 어린 양 둘로 드리는 요제 등입니다.

셋째/ 오순절은 거룩한 안식일이었습니다.

"이 날에 너희는 너희 중에 성회를 공포하고 아무 노동도 하지 말지니 이는 너희가 그 거하는 각처에서 대대로 지킬 영원한 규례니라"(레 23:21).

넷째/ 오순절에는 가난한 자들을 위해 곡식을 다 추수하지 말고 조금 남겨 두어야 했습니다.

"너희 땅의 곡물을 벨 때에 밭 모퉁이까지 다 베지 말며 떨어진 것을 줍지 말고 너는 그것을 가난한 자와 객을 위하여 버려 두라나는 너희 하나님 여호와니라"(레 23:22).

여기서 다시 한 번 이야기하고 넘어가야 할 것은 22절에 추수 때에 가난한 자들을 위해서 곡식을 조금 남겨두라는 말씀입니다. 자신이 열심히 농사를 짓고 하나님의 은혜로 얻은 열매이기는 하지만 그렇다 하더라도 주변에 있는 가난한 사람들의 처지를 생각해서 그들이 먹을 것을 남겨 놓으라는 말씀을 다시 하십니다.

하나님의 마음은 풍성하게 추수를 한 자와 가난해서 자신의 먹을 것을 다른 사람의 밭에서 찾아야 하는 사람 모두에게 함께 하십니다. 그래서 그들도 작지만 일을 해서 먹도록 배려한 것입니다.

미국은 아주 복지가 잘된 나라입니다. 그런데 그에 따른 문제도 있습니다. 아무 일도 하지 않아도 국가에서 먹고 살 수는 있게 해 주기 때문에 사람들이 점점 게을러지고, 식구가 늘면 가족 수당이 나오기 때문에 키울 능력도 없으면서 아이는 계속해서 낳습니다. 특히 흑인과 멕시코계의 빈민 지역에서는 이런 출산과 실업문제가 아주 심각합니다.

열심히 일해서 돈을 많이 버는 사람일수록 세금을 많이 내야 하는 사람이 있는가 하면 일하지는 않고 먹고 마시는 사람들이 있으니 계층간에 갈등이 심화되는 것입니다. 하나님께서는 불쌍한 사람들을 위하고 도우라는 말씀은 하셨지만 그들을 놀고 먹게 하라고 하지는 않으셨습니다.

제가 대학을 다닐 때에 '거지 잔치' 라는 것을 한 적이 있었습니다. 서울을 여덟 부분으로 나누어 그 지역에서 가장 어려운 분들을 초청해서 크리스마스 잔치를 하는 행사였습니다. 우리들은 거리에서 구걸을 하는 연로한 분들을 모셔다가 목욕을 시키고 이발을 해 드리고 연회 장소로 모시고 가서 맛있는 음식을 대접하는 계획을 세웠습니다.

그런데 제가 맡은 구역인 덕수궁 담가에서 구걸을 하시는 맹인 할아버지 한 분이 계셨는데 그 날따라 그 자리에 계시지 않았습니다. 사실은 그분을 보고 이 일을 계획한 것이었는데 안 계시니 참으로 난감

했습니다. 그래서 택시를 타고 여기저기 찾아다니다가 결국 남산 올라가는 다리 위에 앉아 있는 그 할아버지를 발견했습니다.

그런데 우리가 그분께 "하루 수입의 세 배를 드릴테니 오늘은 저희와 함께 가서 좀 쉬십시오" 하고 말씀을 드렸더니, 그 분이 아주 정색을 하고 "안 가겠다"고 말씀하시는 것이었습니다.

자기가 아무리 나이가 들고 앞을 못 보는 사람이지만 일을 할 수 있는 데까지는 혼자 힘으로 일을 하면서 살겠다는 것이었습니다. 그 분에게는 구걸하는 것도 일이었습니다. 구걸을 할망정 절대로 편히 앉아서 남이 거저 주는 것은 받지 않겠다는 것이 그분의 말씀이었습니다.

저는 그 말씀을 듣고 아주 충격을 받았습니다. 비록 남이 보기에는 구걸을 하는 걸인이지만 이 분은 나름대로 자기 일을 하고 있다는 자부심을 가지고 일을 하고 계시는 것이었습니다. 그분은 살아있는 동안 자기의 가치를 최선을 다해 누리면서 살고 계신 분이었습니다.

교회에서는 구제를 많이 하는데 구제를 할 때에 조심해야 합니다. 구제를 잘못하면 그 사람을 잃을 가능성이 있습니다. 남을 돕는다는 것이 얼마나 힘든 것인지 모릅니다.

도움을 받은 사람이 상처를 받거나 채무감에 시달리지 않게 하고, 또 그 사람이 자신이 받는 도움을 당연한 것으로 생각하지도 않게 하기 위해서는 돕는 데도 지혜가 필요합니다. 오른손이 한 일을 왼손이 모르게 하라는 말을 실천할 수 있어야 합니다. 내세우기 위해서가 아니라 진정 그 사람의 필요를 위해서 해야 하는 것입니다.

나팔절

나팔절은 7월 1일로 나팔을 불어 이스라엘의 회복을 상징하고 그것을 기념하는 절기입니다.

> "여호와께서 모세에게 일러 가라사대 이스라엘 자손에게 고하여 이르라 칠월 곧 그 달 일일로 안식일을 삼을지니 이는 나팔을 불어 기념할 날이요 성회라 아무 노동도 하지 말고 여호와께 화제를 드릴지니라"(레 23:23 25).

이 날은 나팔을 불어 이스라엘 백성들을 불러 모았습니다. 이것은 이스라엘의 회복을 상징합니다.

이사야서 18장 3절, 58장 1절에서 14절, 에스겔 37장 12절에서 14절에 보면 나팔절에 관한 상징이 나옵니다.

> "세상의 모든 거민, 지상에 거하는 너희여 산들 위에 기호를 세우거든 너희는 보고 나팔을 불거든 너희는 들을지라"(사 18:3).

그리고 마태복음 24장 31절에서도 나팔이 부활과 회복의 기쁨을 상징한다는 것을 알 수 있습니다.

> "저가 큰 나팔소리와 함께 천사들을 보내리니 저희가 그 택하신 자들을 하늘 이 끝에서 저 끝까지 사방에서 모으리라."

속죄절

속죄절은 대속절로서 이미 그 내용에 대해서는 레위기 16장을 강해하면서 자세하게 설명했습니다.

다른 절기와 제사가 개인적인 차원에서 이루어지는 것인 반면 속죄절은 국민의 죄를 한꺼번에 대속하고 사하는 제사를 드리는 절기입니다. 그래서 유대인들로서는 가장 영적인 의미가 있는 절기라고 할 수 있습니다.

"여호와께서 모세에게 일러 가라사대 칠월 십일은 속죄일이니 너희에게 성회라 너희는 스스로 괴롭게 하며 여호와께 화제를 드리고 이 날에는 아무 일도 하지 말 것은 너희를 위하여 너희 하나님 여호와 앞에 속죄할 속죄일이 됨이니라 이 날에 스스로 괴롭게 하지 아니하는 자는 그 백성 중에서 끊쳐질 것이라 이 날에 누구든지 아무 일이나 하는 자는 내가 백성 중에서 멸절시키리니 너희는 아무 일이든지 하지 말라 이는 너희가 그 거하는 각처에서 대대로 지킬 영원한 규례니라 이는 너희의 쉴 안식일이라 너희는 스스로 괴롭게 하고 이 달 구일 저녁 곧 그 저녁부터 이튿날 저녁까지 안식을 지킬지니라"(레 23:26-32).

다시 한 번 속죄일에 대해 간단히 정리해봅시다.

첫째, 속죄일은 7월 10일에 드리는 절기입니다. 둘째, 속죄일에는 제사장을 비롯한 온 이스라엘 백성이 속죄제를 드려야 합니다. 셋째, 속죄일에는 완전히 휴식을 취했습니다. 넷째, 속죄일은 유일한 국가적 금식일이었습니다. 다섯째, 모든 국민의 일년 간의 죄가 다 용서됩니다. 그래서 속죄일은 유대인들의 명절로서는 영적 의미가 큰 절기였습니다.

초막절

초막절은 이스라엘 민족이 광야에서 초막생활을 했던 것을 기념하는 절기입니다.

> "여호와께서 모세에게 일러 가라사대 이스라엘 자손에게 고하여 이르라 칠월 십오일은 초막절이니 여호와를 위하여 칠일 동안 지킬 것이라 첫날에는 성회가 있을지니 너희는 아무 노동도 하지 말지며 칠일 동안에 너희는 화제를 여호와께 드릴 것이요 제 팔일에도 너희에게 성회가 될 것이며 화제를 여호와께 드릴지니 이는 거룩한 대회라 너희는 아무 노동도 하지 말지니라"(레 23:33-36).

초막절은 7월 15일부터 7일간 지켰습니다. 초막절은 일 년의 마지막 절기이며 가장 중요하고 성대하게 치루었던 절기였습니다. 초막절은 속죄절 직후에 하나님께 번제를 드리고 이스라엘 사람들 전원이 7일 동안 초막에서 생활하면서 애굽에서 유대 민족을 구원하여 내신 것을 기념하고 하나님을 찬양하는 축제의 예식이었습니다.

레위기 23장 39절에서 43절은 다시 한 번 초막절의 의미에 대해 이야기해 주고 있습니다.

"너희가 토지 소산 거두기를 마치거든 칠월 십오일부터 칠일 동안 여호와의 절기를 지키되 첫날에도 안식하고 제 팔일에도 안식할 것이요 첫날에는 너희가 아름다운 나무 실과와 종려 가지와 무성한 가지와 시내 버들을 취하여 너희 하나님 여호와 앞에서 칠일 동안 즐거워할 것이라 너희는 매년에 칠일 동안 여호와께 이 절기를 지킬지니 너희 대대로의 영원한 규례라 너희는 칠월에 이를 지킬지니라 너희는 칠일 동안 초막에 거하되 이스라엘에서 난 자는 다 초막에 거할지니 이는 내가 이스라엘 자손을 애굽 땅에서 인도하여 내던 때에 초막에 거하게 한 줄을 너희 대대로 알게 함이니라 나는 너희 하나님 여호와니라."

초막절은 7일간의 절기인데 그 첫날과 여덟번째 날은 안식일이었습니다. 이스라엘 백성은 이 7일간 여호와 앞에서 즐거운 축제를 드렸습니다. 그리고 이 초막절 동안에는 모든 이스라엘 백성들이 7일 동안 초막에서 생활했습니다.

이스라엘의 모든 절기는 예수님에 대한 모형입니다.
유월절과 무교절은 예수님의 구속을 상징합니다(고전 5:7-8). 오순절은 이스라엘을 모아 들이는 추수의 상징입니다.

"오순절 날이 이미 이르매 저희가 다같이 한 곳에 모였더니 홀연히 하늘로부터 급하고 강한 바람 소리가 있어 저희 앉은 온 집에 가득하여 불의 혀 같이 갈라지는 것이 저희에게 보여 각 사람 위에 임하여 있더니 저희가 다 성령의 충만함을 받고 성

령이 말하게 하심을 따라 다른 방언으로 말하기를 시작하니
라"(행 2:1-4).

나팔절은 예수님 재림 전에 울려 퍼지는 해방의 선포를 말하고, 장
막절은 예수님의 재림과 기쁨들을 상징합니다.
따라서 이 모든 절기들은 하나님 안에 있는 기쁨과 첫 열매를 드림
으로 하나님께 드리는 예배와 헌신을 상기시켜 주는 것입니다.

제 11 장

기도의 등불을 끄지 말라

"여호와께서 모세에게 일러 가라사대 이스라엘 자손에게 명하여 감람을 찧어 낸 순결한 기름을 켜기 위하여 네게로 가져오게 하고 끊이지 말고 등잔불을 켤지며 아론은 회막 안 증거궤 장 밖에서 저녁부터 아침까지 여호와 앞에 항상 등잔불을 정리할지니 너희 대대로 지킬 영원한 규례라 그가 여호와 앞에서 순결한 등대 위의 등잔들을 끊이지 않고 정리할지니라…" (레 24:1-23).

기도의 등불을 끄지 말라

레위기 23장에서 이스라엘의 절기들에 대해 살펴보았습니다. 계속해서 24장은 성막에 관해서 말씀하고 있습니다. 하나님이 정하신 특별한 절기를 통해 하나님을 섬기는 방법에서 이제 일상적인 삶 속에서 하나님을 섬기는 방법으로 초점을 옮기고 있습니다.

이것은 하나님의 제사장들인 우리 모두가 특별한 때뿐만 아니라 평범한 하루하루 속에서도 하나님을 생각하고 예배하고 섬겨야 한다는 것을 보여줍니다.

특별히 24장은 성소 안에 있는 기물과 그것을 관리하는 방법에 대해 말씀하고 있습니다.

등은 매일 돌보라

레위기 24장 1절에서 4절 말씀은 촛대에 대한 이야기입니다. 등과 촛대에 관해서 하나님께서 무엇이라고 말씀하셨는지 살펴봅시다.

"여호와께서 모세에게 일러 가라사대 이스라엘 자손에게 명하여 감람을 찧어 낸 순결한 기름을 켜기 위하여 네게로 가져오

게 하고 끊이지 말고 등잔불을 켤지며 아론은 회막 안 증거궤
장 밖에서 저녁부터 아침까지 여호와 앞에 항상 등잔불을 정리
할지니 너희 대대로 지킬 영원한 규례라 그가 여호와 앞에서
순결한 등대 위의 등잔들을 끊이지 않고 정리할지니라.”

첫째, 제사장은 순금 촛대 위에 얹어 놓은 등불에 기름이 떨어지지
않도록 매일 돌보아야 했습니다. 둘째, 제사장은 그 등불이 영원히 꺼
지지 않게 돌보아야 했습니다. 성막은 천막으로 지어졌기 때문에 창
이 없고 어두웠습니다. **제사장은 그 어둠을 매순간 밝혀야 하는 의무가
있었던 것입니다.**

그리고 세번째로, 그 등잔에 사용하는 기름은 눌러서 짠 감람유를
사용해야 했습니다. 기름을 만드는 방법에는 두 가지가 있었습니다.
하나는 눌러서 짜는 방법이었고, 또 한 가지는 두들겨서 짜내는 방법
이었습니다.
그런데 그 두 방법 중에 눌러서 짠 기름이 깨끗하고 질이 좋았기 때
문에 눌러서 짠 감람유를 사용했습니다.

성막은 메시아이신 예수님의 모형이었습니다. 예수님께서는 자신
을 세상의 빛이라고 말씀하셨습니다. 예수님은 영적인 어두움과 정신
적인 어두움과 육체적인 어두움을 다 밝혀 주는 일을 하십니다.
아무것도 섞이지 않은 금촛대와 가장 맑고 깨끗한 기름을 사용하는
의미가 여기에 있는 것입니다.
요한계시록에 보면 ‘짠다’ 라는 말은 수난을 의미했습니다. 그것은

예수님께서 고난을 당하고 그 고난을 통해서 깨끗한 순기름으로 어두움을 밝히는 분이라는 것을 상징하는 것입니다.

그런데 그 등잔과 촛대를 관리하고 불이 꺼지지 않도록 지키는 사람이 바로 제사장이었습니다.

오늘날에 와서는 믿는 모든 사람들이 왕과 같은 제사장이 되었기 때문에 이 세상에서 모든 성도들이 진리와 생명을 밝히는 등불이 꺼지지 않도록 관리하는 사람들이 되어야 합니다.

그런데 주님께서는 요한계시록에서 경고하시기를, 첫사랑이 식어지고 잃어버리게 되면 그 촛대를 다른 곳으로 옮겨 버리겠다고 말씀하십니다.

"그러나 너를 책망할 것이 있나니 너의 처음 사랑을 버렸느니라 그러므로 어디서 떨어진 것을 생각하고 회개하여 처음 행위를 가지라 만일 그리하지 아니하고 회개하지 아니하면 내가 네게 임하여 네 촛대를 그 자리에서 옮기리라"(계 2:4-5).

주님을 처음 만났을 때의 그 감격, 그 기쁨 속에 밝음이 있는데 그것을 잃어버리면 예수님을 알고 있어도 어둠뿐이게 됩니다. 그래서 교회와 신앙적인 모양은 있으나 우리 가운데 영적인 빛은 나타나지 않는 것입니다.

우리는 처음에 구원을 받은 감격을 경험한 이래 날마다 그리스도의 빛을 우리 가슴 속에 새롭게 해야 하고, 그러기 위해서는 깨끗한 성령의 기름을 늘 공급해야 합니다.

제가 미국에 있는 동안에 「오늘의 양식」이라는 경건의 시간 책자를 발간했습니다. 처음에는 우리 교회의 교인들을 위해서 200부 정도로 시작했는데 15년이 지난 지금은 12만 명의 독자들이 생겼고, 한국에서만도 5년만에 6만 명의 독자들이 생겼습니다. 아주 간단한 내용의 책자이지만 지속적으로 하나님의 말씀을 접할 수 있게 해 주기 때문에 보는 사람들에게는 소중한 책이 되는 것입니다. 매일 영적인 빛을 밝게 보존하는 도구입니다.

설교에만 의존해서는 신앙생활을 하기를 어렵기 때문에 지속성을 날마다 부여해 줄 수 있는 보조 장치가 필요합니다. **주일 중심의 신앙에서 매일 중심의 신앙이 되어야 합니다.** 주일 하루만 불을 켜는 것이 아니고 매일 하나님의 등불이 꺼지지 않도록 해야 합니다.

그리고 **목회자 중심의 신앙에서 성도 중심의 신앙이 되어야 합니다.** 목회자는 불을 붙여 주는 사람이고 성도들은 그 붙은 불꽃이 꺼지지 않고 타오를 수 있도록 자신을 항상 돌보는 사람이 되어야 합니다. 그렇지 않으면 바로 어둠이 찾아와서 사방을 감싸게 됩니다.

그리고 **듣는 신앙에서 읽는 신앙으로 바뀌어야 합니다.** 요즘 신앙인들은 듣는 것만 반복적으로 해서 귀가 다 망가졌습니다. 그래서 웬만한 설교를 들어서는 마음에 아무런 감동을 받지 못 하고, 그 설교를 판단하려고만 합니다. 귀만 간지럽게 해 주기를 기다립니다.

자신이 매일 같이 등불을 밝혀 본 사람이면 자기 스스로 빛을 밝히는 사람이 될 수 있는데, 목회자 한 사람에게 의존하려고 하니까 불만과 불평의 어두움이 많아지는 것입니다.

이제는 **받아먹는 신앙에서 찾아먹는 신앙으로 변해야 합니다.** 늘 어린아이 상태로 있는 신앙에서 성숙한 어른의 신앙으로 성장해야만 계속해서 자기 안에 빛을 밝히는 사람이 될 수 있습니다.

또 다양한 신앙을 단일화된 신앙으로 변화시킬 수 있습니다. 그동안은 각자 마음 내키는 대로 성경을 읽고 기도하고 있었지만, 모두가 함께 사용하는 『오늘의 양식』을 통해서 같은 말씀을 읽고 같은 주제를 가지고 기도하고 같은 마음으로 찬송하면서 하나가 되는 신앙이 이루어지는 것입니다.

경건의 시간 책자는 이런 일에 매개체 역할을 합니다. 그러므로 목회자들의 책임은 모든 성도들이 자기의 등불은 자기가 돌볼 수 있도록 돕는 데에 있습니다.

진설병은 매주 돌보라

제사장이 해야 할 두번째 일은 진설병을 돌보는 일입니다. 촛대는 매일 살펴보아야 하는 것이었지만 진설병은 일주일에 한 번씩 바꾸어 놓게 되어 있었습니다.

"너는 고운 가루를 취하여 떡 열 둘을 굽되 매 덩이를 에바 십 분이로 하여 여호와 앞 순결한 상 위에 두 줄로 한 줄에 여섯씩 진설하고 너는 또 정결한 유향을 그 매 줄 위에 두어 기념물로 여호와께 화제를 삼을 것이며 항상 매 안식일에 이 떡을 여호와 앞에 진설할지니 이는 이스라엘 자손을 위한 것이요 영원한 언약이니라 이 떡은 아론과 그 자손에게 돌리고 그들은 그것을 거룩한 곳에서 먹을지니 이는 여호와의 화제 중 그에게 돌리는 것으로서 지극히 거룩함이니라 이는 영원한 규례니라"(레 24:5-9).

순금으로 만든 상 위에 두 줄로 여섯 개씩 열두 개의 진설병을 차려 놓게 되어 있었는데, 안식일이 끝나면 제사장들이 그것을 먹었고 매 주마다 새 떡을 차려야 했습니다.

이것은 목회자들에게 상당히 상징적인 의미를 줍니다. 주일마다 자신과 제사를 드리는 사람들을 위해서 새 양식을 준비해야 한다는 것을 의미하는 것입니다.

요한복음 6장 35절에 보면 예수님은 "내가 곧 생명의 떡이니 내게 오는 자는 결코 목마르지 않고 결코 주리지 아니할 터이요 나를 믿는 자는 영원히 목마르지 아니하리라"는 말씀을 하셨습니다.

"매 주마다 떡을 만들어 주라"는 말과, "새로 만들어 주라"는 말은 계속해서 새 것을 먹여서 목마르거나 주리지 않게 하라는 말씀과 상통하는 것입니다.

목회자가 매 주 다른 설교를 한다는 것은 아주 어려운 일입니다. 더구나 늘 새롭고 은혜가 되는 말씀을 전해야 한다는 부담감은 목회자들에게 늘 고통을 주는 문제입니다.

저는 설교에 관해서 그리고 교인들이 기본적으로 필요한 것에 관해서 생각하는 몇 가지 기준이 있습니다.

첫째는 **구원에 대한 확신과 확실한 신앙을 불어넣어 주어야 한다**는 것입니다. 기본적인 신앙이 확실하지 않으면 아무리 교회를 다닌 햇수가 많아도 별 소용이 없습니다. 그런 사람은 신앙적으로 어린아이와 같은 사람이기 때문에 성장도 성숙도 없습니다.

그 다음에는 예수님을 믿는 것이 무엇인지에 관한 기초공부를 합니다. 구원, 하나님, 예수님, 성경, 기도, 영적전쟁, 재림, 천국의상, 헌금 등과 같은 기본적인 것을 정돈된 신앙을 위해 일곱 단계로 공부합니다.

그 다음에 하는 것이 성장 시리즈입니다. 이미 공부한 기초 위에 어떤 집을 지어야 하는지에 관한 공부를 하는 것입니다. 신앙 생활에 성숙한 사람이 되기 위해서는 어떤 기능이 계발되어야 하는지를 공부합니다. 지속적인 성장을 위해서 어떤 부분이 모자란가 하는 것을 일깨우고 목표를 주어서 신앙의 성장을 도모합니다.

그 다음이 매일 같이 먹어야 하는 일용할 양식입니다. 그날 하루 하루의 말씀을 통해서 종일토록 주님과 동행하는 훈련을 「오늘의 양식」을 통해 합니다.

그래서 경건의 훈련이 필요합니다. 이런 훈련을 거치는 사람이라야 자기 자신의 등불을 꺼뜨리지 않고 항상 밝게 타오르도록 할 수 있는 사람이 될 수 있습니다.

저는 목사의 도움이 필요없을 정도로 성숙한 성도로 성장하게 하는 것이 목회자가 할 수 있는 최선의 목회라고 생각합니다. 성도들이 자신의 영적인 힘으로도 얼마든지 신앙생활하는 것이 가능한 사람이 되어야 실질적으로 만인이 제사장으로 설 수 있는 것입니다.

이런 단계를 통해서 성장한 사람은 자신이 성장에서 멈추는 것이 아니라 자기의 영력을 가지고 다른 사람에게도 영적인 영향을 미치는 사람이 됩니다. 그래서 다른 사람들을 길러 줄 수 있는 단계가 되는 것입니다.

그 단계가 되면 지속적인 동기를 부여해 주고 한 걸음 더 나아가서 섬기는 지도자가 되는 훈련을 제시하고 이끌어 주는 것이 필요합니다. 그러면 기본적인 모든 훈련은 일단락되었다고 보아도 됩니다.

목회자는 같은 본문이라 해도 설교를 새롭게 준비할 수는 있습니다. 본문 해석은 일정하지만 강조와 적용을 달리하면 같은 성경 본문으로도 여러 번 설교할 수 있는 것입니다. 같은 내용이라도 그 말씀에 접근하고 적용하는 방법은 얼마든지 달라질 수 있기 때문입니다.

그래서 안식일마다 새 떡을 만들어 내는 일이 가능해지는 것입니다. 그 떡은 예수님의 떡이요 말씀의 떡입니다.

그리고 일단은 그 떡을 제사장이 먼저 먹어야 합니다. 요한계시록에도 들고 있는 두루마리를 먹으라는 말씀이 나옵니다. 그러면 입에는 쓸 것이지만 배에는 달 것이라고 말합니다. 그러니 제사장부터 먹고 소화하라는 것입니다.

예수님께서도 내가 바로 하늘에서 내려온 생명의 떡이라고 말씀하셨습니다.

"예수께서 가라사대 내가 곧 생명의 떡이니 내게 오는 자는 결코 주리지 아니할 터이요 나를 믿는 자는 영원히 목마르지 아니하리라"(요 6:35).

말씀을 계속 듣는다고 해서 그 내용이 그대로 소화되는 것은 아닙니다. 어떤 면에서는 늘 듣기 때문에 오히려 과식이나 소화불량 상태가 되기도 합니다. 그저 귓전에서만 맴돌 뿐이지 그것이 가슴을 움직이고 영혼을 살찌우는 단계로까지 가지 않는 것입니다.

그래서 한 번 들은 내용을 다시금 깊이 있게 새기는 시간도 필요합니다. 그 주에 한 목사님의 말씀을 예배 때에 듣는 것으로 끝내지 말고 다시 집에 돌아가서 혼자 되짚어 보든지, 아니면 구역 성경공부를 통해서 다시 한번 나누고 적용해보는 시간이 있어야 합니다.

그러면 그저 가만히 앉아서 듣기만하는 수동적인 태도에서 벗어나 자기 자신에게 주는 말씀으로 적극적으로 받아 드리고 적용할 수 있게 됩니다.

하나님의 이름을 훼방하지 말라

2장 10절에서 16절에 나오는 말씀은 하나님의 이름을 훼방하는 죄는 사형에 처하라는 말씀입니다.

"이스라엘 여인의 아들이요 그 아비는 애굽 사람된 자가 이스라엘 자손 중에 나가서 한 이스라엘 사람과 진중에서 싸우다가 그 이스라엘 여인의 아들이 여호와의 이름을 훼방하며 저주하므로 무리가 끌고 모세에게로 가니라 그 어미의 이름은 슬로밋이요 단 지파 디브리의 딸이었더라 그들이 그를 가두고 여호와의 명령을 기다리더니 여호와께서 모세에게 일러 가라사대 저주한 사람을 진 밖에 끌어 내어 그 말을 들은 모든 자로 그 머리에 안수하게 하고 온 회중이 돌로 그를 칠지니라 너는 이스라엘 자손에게 고하여 이르라 누구든지 자기 하나님을 저주하면 죄를 당할 것이요 여호와의 이름을 훼방하면 그를 반드시 죽일지니 온 회중이 돌로 그를 칠 것이라 외국인이든지 본토인이든지 여호와의 이름을 훼방하면 그를 죽일지니라."

이스라엘 여인과 애굽 사람 사이에서 난 혼혈아와 유대인 사이에서 싸움이 난 사건이 있었는데 그 혼혈아가 화가 나서 여호와를 저주했습니다. 여기서 문제가 되는 것은 저주를 한 사람이 혼혈아라는 데 있는 것이 아니라 그가 하나님을 저주했다는 데 있습니다.

12절에 보면, 이스라엘 사람들이 그를 가두고 여호와의 명령을 기다렸다는 말씀이 나옵니다. 하나님의 지시가 분명히 나타나지 않을 때에는 기다려야 하는 것입니다. 이런 태도는 우리가 본받아야 할 태도입니다.

하나님과 관계되는 일을 하는 데 있어서 억지로 하거나 자기의 자유의지로 해서는 하나님의 뜻을 이룰 수가 없습니다. 하나님의 뜻을 알기까지는 일이 빨리 되지 않고 시간이 많이 걸린다 하더라도 기다릴 줄 아는 기본적인 자세가 되어 있어야 합니다.

기드온 병사 3백 명이 성공할 수 있었던 것은 그들이 하나님의 지시에 그대로 순종했기 때문입니다. 몇 천, 몇 만 명이 갔어도 실패할 수밖에 없었지만 하나님의 지시를 따랐을 때에는 300명으로도 적들을 물리칠 수 있었던 것입니다.

저도 사는 동안 하나님의 지시를 받지 않고 한 일이 네 번 있었습니다. 그 일들은 당장은 괜찮았는데 나중에 시간이 지나고는 다 실패했습니다. 확신이 없는 행동을 해서 고생을 한 적이 있습니다.

제가 그런 행동을 했던 이유는 주변에서 압력을 가했기 때문이었습니다. 그 당시에 저를 설득했던 사람들의 의견은 아주 인간적인 것들이어서 확신이 없는데도 행동에 옮겨야 했습니다.

그렇지만 제 마음에는 평화가 없었습니다. 그리고 나중에 나타난 결과는 저는 저대로 고생하고 그런 일로 인해 어려운 문제가 생겼습니다. 자신의 마음에 하나님이 주신는 확신과 평화가 있기까지는 움직여서는 안됩니다. 다른 사람들이 다 반대를 하고 위협적인 말들을 해도 하나님이 주신 확신이 있다면 밀고 나가야 합니다.

그 한 예가 교회를 건축하는 가운데 있었습니다. 교회 건축에 관계하는 분 중에 성격이 강한 두 분이 있었는데, 이 분들사이에 의견이 맞지 않아서 자주 다투었습니다.

성전을 건축하는 일은 다윗처럼 전쟁의 사람들에 의해서 이루어질 수 있는 일이 아닙니다. 솔로몬처럼 평화의 사람이라야 할 수 있는 일입니다.

그래서 저는 일단 성전 건축 진행을 전면 중단시켰습니다. 먼저 화해하는 것이 중요하지, 싸우는 가운데 건축하는 것은 아무런 의미가 없었기 때문이었습니다.

그렇게 일단 건축을 중단시키고 넉 달이 지나니까 기도하는 가운데 하나님의 뜻이 보이기 시작했습니다. 제 마음 가운데에 이제 시작할 때가 되었다는 확신이 왔습니다.

그래서 다시 건축을 시작했는데 그 후에는 사람들의 마음이 모두 하나가 되어서 아무 말 없이 건축하는 일에만 열심을 보였습니다. 처음에는 반발이 예상되기도 했던 결정이었지만 마음에 확신이 와서 한 일이었기 때문에 충분히 다시 시작할 수 있었고 성전은 은혜롭게 완공되었습니다.

하나님의 이름을 훼방한 사람에 대한 하나님의 벌은 그 사람을 죽이는 것이었습니다. 거룩하신 절대자 하나님을 함부로 대하는 사람에게는 하나님의 무서운 진노가 임합니다. 용서받을 기회를 주지 않으십니다. 어떻게 절대자 하나님께 도전하고 제대로 살아남을 수 있겠습니까?

하나님 앞에 하는 도전은 절대로 용서받을 수 없습니다. 그리고 이 모독죄에 관해서는 외국인이나 내국인이나 차별이 없었습니다. 하나님은 만민의 심판자이시기 때문입니다.

살인죄는 사형

17절에서 21절까지는 살인죄에 관한 것입니다.

"사람을 쳐 죽인 자는 반드시 죽일 것이요 짐승을 쳐 죽인 자는 짐승으로 짐승을 갚을 것이며 사람이 만일 그 이웃을 상하였으면 그 행한 대로 그에게 행할 것이니 파상은 파상으로 눈은 눈으로 이는 이로 갚을지라 남에게 손상을 입힌 대로 그에게 그렇게 할 것이며 짐승을 죽인 자는 그것을 물어 줄 것이요 사람을 죽인 자는 죽일지니."

여기서 중시되고 있는 것은 하나님의 공의입니다. 하나님은 사랑의 하나님이시지만 동시에 공의의 하나님이십니다. 공의의 하나님은 불의를 참지 못하고 죄에 대한 대가를 요구하십니다.

17절에서 22절 하나님은 다음과 같은 말씀을 하십니다.

먼저, 법은 반드시 형평의 원칙이 유지되어야 한다는 것입니다. 그리고 살인자는 반드시 사형에 처하게 되어 있습니다. 또한 죄와 형벌은 형평해야 합니다. 무거운 죄에 가벼운 형벌이나 가벼운 죄에 무거운 형벌은 하나님이 원하시는 의가 아닙니다.

구약의 법으로는 생명은 생명으로, 상해는 상해로, 뼈는 뼈로, 짐승은 짐승으로, 눈은 눈으로, 이는 이로 갚는 것이 기본원칙이었습니다. 고의로 사람의 피를 흘린 자는 그 자신도 반드시 피를 흘리게 되어 있었습니다. 이것은 십계명 이전 창세기 9장에서 부터 나오는 기본적인 법이었습니다. 사람의 피를 흘리게 하는 것은 하나님의 형상이 피를 흘리게 하는 것이기 때문입니다. 즉 하나님에 대한 도전입니다.

그러나 사형은 개인적인 복수의 차원이 아니라 국가적인 법제도를 말하고 있는 것입니다. 국가적으로 생명은 생명으로 다스렸던 것입니다. 그 대신 실수로 한 살인은 그 사람이 살 수 있는 길을 마련해 주셨습니다. 하나님은 어떤 일의 결과만 보고 판단하시지는 않으셨던 것입니다. 동기가 중요했습니다.

그리고 내국인 외국인의 차별이 없었습니다. 이것이 법의 형평성입니다.

"외국인에게든지 본토인에게든지 그 법을 동일히 할 것은 나는 너희 하나님 여호와임이니라"(레 24:22).

22절 마지막에서 "나는 너희 하나님 여호와임이니라"라고 말씀하심으로 이런 모든 법의 출발이 하나님이라는 사실을 다시 한 번 상기시킵니다.

하나님께서 하신 말씀은 하나님의 공의와 하나님의 의에 의해서 하신 것이라는 사실을 인식시키기 위한 것입니다. 따라서 이렇게 하나님께서 분명하게 명시해 놓은 법칙은 하나님의 이름을 걸고 반드시 지켜져야 했습니다.

그래서 모세와 이스라엘 자손들은 레위기 24장을 하나님의 공의의 말씀에 대한 순종으로 끝맺고 있습니다.

"모세가 이스라엘 자손에게 고하니 그들이 저주한 자를 진 밖
에 끌어내어 돌로 쳤더라 이스라엘 자손이 여호와께서 모세에
게 명하신 대로 행하였더라"(레 24:23).

제 12 장

희년을 선포하라

"…너는 일곱 안식년을 계수할지니 이는 칠년이 일곱번인즉 안식년 일곱 번 동안 곧 사십 구년이라 칠월 십일은 속죄일이니 너는 나팔 소리를 내되 전국에서 나팔을 크게 불지며 제 오십년을 거룩하게 하여 전국 거민에게 자유를 공포하라 이 해는 너희에게 희년이니 너희는 각각 그 기업으로 돌아가며 각각그 가족에게로 돌아갈지며 그 오십년은 너희의 희년이니 너희는 파종하지 말며 스스로 난 것을 거두지 말며 다스리지 아니한 포도를 거두지 말라 이는 희년이니 너희에게 거룩함이니라 너희가 밭의 소산을 먹으리라 이 희년에는 너희가 각기 기업으로 돌아갈지라 네 이웃에게 팔든지 네 이웃의 손에서 사거든 너희는 서로 속이지 말라 희년 후의 연수를 따라서 너는 이웃에게 살 것이요 그도 그 열매를 얻을 연수를 따라서 네게 팔 것인즉 연수가 많으면 너는 그 값을 많게 하고 연수가 적으면 너는 그 값을 적게 할지니 곧 그가 그 열매의 다소를 따라서 네게 팔 것이라 너희는 서로 속이지 말고 너희의 하나님을 경외하라 나는 너희 하나님 여호와니라…"(레 25:1-55).

희년을 선포하라

안식년과 희년은 땅과 인간에 관한 하나님의 생각을 집약시켜 놓은 핵심적인 제도입니다. 안식년과 희년은 정치, 사회, 경제, 종교 모든 면에 영향을 미치는 가장 대표적인 하나님의 질서입니다. 이 질서의 기본 정신은 자유와 평등이라고 할 수 있습니다.

이스라엘 민족은 열두 지파에게 하나님께서 주신 기업인 토지에 그 생존의 근간이 달려 있습니다. 가나안 정복 이후 하나님께서는 열두 지파에게 골고루 땅을 나누어주셨고, 각 지파는 그 지파에 속한 부족과 가족들에게 다시 그 땅을 골고루 나누어주었습니다. 그러므로 이 토지를 기반으로 해서, 가난한 사람도 부자도 없는 평등한 공동체가 이루어졌습니다. 그리고 원칙적으로 이 기업은 자손대대로 물려주는 것이었고, 사거나 팔 수 없었습니다. 왜냐하면 토지의 소유주는 하나님이시기 때문입니다. 사람은 단지 그 땅을 관리하는 청기기에 불과합니다.

그러나 시간이 지나면서 빈부의 격차가 나게 되었습니다. 그 이유는 어떤 사람은 열심히 일하고 다른 사람은 그렇지 않은 경우도 있었지만, 가장이 죽고 자손이 없어 그 땅을 경작할 만한 노동력이 없어진 경우도 생겼고, 가뭄이나 질병, 전쟁 등으로 인해 그 땅으로부터 아무런 소산을 얻지 못하는 경우도 생겼기 때문이었습니다.

그래서 기업을 이을 자손이 없는 경우에는 가장 가까운 친척이 그 기업을 물려받았고, 이 경우에 그에 딸린 고아나 과부는 그 기업을 무른 친척이 보호해주어야 했습니다.

그러나 이렇게 친척이 기업을 무를 수 없는 경우는 땅을 저당 잡히거나, 심지어는 자신의 몸을 종으로 팔아 먹고 사는 문제를 해결해야 하는 경우도 생겼습니다.

이런 일들이 있었기 때문에 하나님은 안식년과 희년을 정해 놓으셨습니다. 안식년과 흔히 대안식년이라고도 불리는 희년은 이렇게 가난한 사람들을 위해 정해 놓으신 것입니다. 안식년에는 사람뿐만 아니라 토지도 쉬었습니다. 그러나 안식년 동안에 농사를 안 짓는다고 해서 포도나무에 열매가 안 열리고, 밭에서 밀이 자라지 않는 것은 아니었습니다. 지난해 추수하다가 떨어뜨린 씨앗들이 드문드문 자라 곡식이 익기도 했습니다. 바로 이런 곡식들은 고아와 과부와 나그네들의 몫이었습니다.

안식년과 희년은 토지와 가난한 이들을 위해서 하나님이 정하신 최상, 최선의 제도였던 것입니다.

그러면 지금부터 레위기 25장을 통해 안식년과 희년에 대해 자세히 알아보기로 합시다.

안식년

안식년은 안식일의 연장입니다. 잘 아시다시피, 안식일은 6일 동안 천지를 창조하시고 7일째에 쉬셨던 하나님을 기념하는 날입니다.

안식일이 정립된 것은 이스라엘 민족의 출애굽 사건을 통해서였습니다. 이스라엘 민족의 광야 생활 40년 동안 하나님은 만나와 메추라기를 내려 식량으로 주셨는데, 이것들은 하루만 지나면 상해버려 먹을 수가 없었습니다.

그러나 안식일 전날만큼은 이틀 먹을 분량의 만나와 메추라기가 내렸고 이것은 다음날인 안식일에도 상하지 않았습니다. 이 일을 통해 이스라엘 백성들은 일용할 양식을 주시는 분이 하나님이심과 안식일의 의미를 배웠습니다.

안식년은 바로 이러한 안식일의 연장선에 있습니다. 다시 말해, 7년째 되는 해에 경작을 쉼으로써 토지의 주인이 하나님이심과, 그 소산을 허락하시는 분이 하나님이심을 실제적인 실천을 통해 고백하는 행위인 것입니다.

그러면 25장 말씀을 통해 안식일에 대해 구체적으로 알아 보기로 합시다.

첫째/ 안식일에는 사람도 안식하고 토지도 안식했습니다.

"여호와께서 시내산에서 모세에게 일러 가라사대 이스라엘 자손에게 고하여 이르라 너희는 내가 너희에게 주는 땅에 들어간

후에 그 땅으로 여호와 앞에 안식하게 하라 너는 육년 동안 그
밭에 파종하며 육년 동안 그 포도원을 다스려 그 열매를 거둘
것이나 제 칠년에는 땅으로 쉬어 안식하게 할지니 여호와께 대
한 안식이라 너는 그 밭에 파종하거나 포도원을 다스리지 말며
너의 곡물의 스스로 난 것을 거두지 말고 다스리지 아니한 포
도나무의 맺은 열매를 거두지 말라 이는 땅의 안식년임이니
라"(레 25:1-5).

여기에서 주목할 것은 안식년에는 사람만 안식한 것이 아니라 땅도
안식했다는 사실입니다. 하나님의 관심은 사람에게만 있는 것이 아니
라 땅과 거기에 거하는 모든 만물들에게 있음을 드러내주는 말씀입니
다.

**둘째/ 안식년에는 토지 소유주나 토지가 없는 자가 다 같은 입장이
되어 그 동안 땅에서 얻은 곡식으로 생활하였습니다.**

"안식년의 소출은 너희의 먹을 것이니 너와 네 남종과 네 여종
과 네 품군과 너와 함께 거하는 객과 네 육축과 네 땅에 있는
들짐승들이 다 그 소산으로 식물을 삼을지니라"(레 25:6-7).

안식년 동안에는 땅 주인이나 땅이 없는 사람이나 동등한 입장에서
땅에서 나는 것으로 생활했습니다. 안식년 동안에는 땅주인이라고 해
서 독점적인 소유권을 주장할 수 없었습니다. 이 기간에는 땅의 주인
이나 종이나 나그네나 심지어 들짐승까지도 평등하게 땅의 소산을 먹

을 수 있었습니다.

셋째/ 안식년에는 6년간의 모든 빚을 탕감받고 종은 자유를 얻을 수 있었습니다.

"네가 백성 앞에서 세울 율례는 이러하니라 네가 히브리 종을 사면 그가 육년 동안 섬길 것이요 제 칠년에는 값없이 나가 자유할 것이며"(출 21:1-2).

안식년의 기본적인 정신은 모든 소유의 주인은 하나님이시요, 사람은 하나님 앞에서 누구나 평등하다는 데 있습니다. 그래서 비록 가난하여 자신을 종으로 팔았다고 할지라도 사람이 사람을 소유하는 지배 형태는 하나님이 기뻐하시는 제도가 아니었습니다. 그래서 하나님은 7년에 한 번씩 빚을 탕감받고 종이 자유롭게 되는 안식년 제도를 두신 것입니다.

회년

토지의 소유자는 하나님이십니다. 인간은 하나님의 땅을 경작하는 소작인에 불과합니다. 빚 때문에 땅을 저당 잡힐 수는 있어도 그 땅을 팔 수는 없었습니다. 하나님이 기업으로 주신 땅은 영구히 남의 소유가 될 수 없었습니다. 빚 때문에 자기 몸을 노예로 팔 수는 있었으나 누구나 자유가 되어 다시 평등한 입장에서 새 출발을 할 수 있는 기회가 있었습니다. 그 날이 바로 7년 안식년이 일곱번째 되는 해 다음 해인 회년이었습니다. 그러니까 회년에는 그 전해인 안식년과 더불어 2년을 안식하였던 것입니다.

그러면 회년은 어떠한 모습이었을까요?

첫째/ 50년째 속죄절 날에는 수양의 뿔로 만든 나팔을 불어 회년을 선포했습니다.

"너는 일곱 안식년을 계수할지니 이는 칠년이 일곱번인즉 안식년 일곱번 동안 곧 사십 구년이라 칠월 십일은 속죄일이니 너는 나팔 소리를 내되 전국에서 나팔을 크게 불지며 제 오십년을 거룩하게 하여 전국 거민에게 자유를 공포하라 이 해는 너희에게 회년이니 너희는 각각 그 기업으로 돌아가며 각각 그 가족에게로 돌아갈지며 그 오십년은 너희의 회년이니 너희는 파종하지 말며 스스로 난 것을 거두지 말며 다스리지 아니한 포도를 거두지 말라 이는 회년이니 너희에게 거룩함이니라 너희가 밭의 소산을 먹으리라 이 회년에는 너희가 각기 기업으로 돌아갈지라"(레 25:8-13).

'회년'(禧年)에는 수양의 뿔로 만든 나팔을 불어 회년을 선포했습니다. '회년'은 영어로는 'Jubilee'라고 하고 히브리어로는 '쉐나트 하요벨'이라고 하는데 이 말은 '수양 뿔의 해'란 뜻입니다. 다시 말해 회년은 '수양의 뿔 나팔을 부는 해'라는 뜻입니다.

이 회년에는 노예가 해방되고, 토지가 원주인에게로 환원되며, 가정이 회복되고 실향민들이 고향에 돌아갑니다. 이 희년은 안식년이어서 농사를 짓지 않고 그 전에 땅에서 거둔 것과 땅에서 스스로 난 것으로 모두 평등하게 먹고 살았습니다.

둘째/ 토지를 매매할 경우에는 희년을 기준으로 수확이 남은 햇수를 계산해서 매매했습니다.

"네 이웃에게 팔든지 네 이웃의 손에서 사거든 너희는 서로 속이지 말라 희년 후의 연수를 따라서 너는 이웃에게 살 것이요 그도 그 열매를 얻을 연수를 따라서 네게 팔 것인즉 연수가 많으면 너는 그 값을 많게 하고 연수가 적으면 너는 그 값을 적게 할지니 곧 그가 그 열매의 다소를 따라서 네게 팔 것이라 너희는 서로 속이지 말고 너희의 하나님을 경외하라 나는 너희 하나님 여호와니라"(레 25:14-17).

비록 매매한 토지라 할지라도 희년이 되면 반드시 원주인에게 돌려주어야 했습니다. 그러니까 엄밀하게 말하면 이스라엘 민족에게는 토지 매매란 있을 수 없고, 토지를 저당잡히고 돈을 빌리며 제한된 기간 동안 토지를 빌려 쓰는 일만 가능했던 것입니다.

셋째/ 희년 법을 준수하면 하나님의 축복이 있습니다.

"너희는 내 법도를 행하며 내 규례를 지켜 행하라 그리하면 너희가 그 땅에 안전히 거할 것이라 땅은 그 산물을 내리니 너희가 배불리 먹고 거기 안전히 거하리라 혹 너희 말이 우리가 만일 제 칠년에 심지도 못하고 그 산물을 거두지도 못하면 무엇을 먹으리요 하겠으나 내가 명하여 제 육년에 내 복을 너희에게 내려 그 소출이 삼년 쓰기에 족하게 할지라 너희가 제 팔년에는 파종하려니와 묵은 곡식을 먹을 것이며 제 구년 곧 추수하기까지 묵은 곡식을 먹으리라"(레 25:18-22).

하나님의 말씀대로 하는 자에게는 언제나 축복이 있습니다. 광야에서도 하나님은 6일째에 이틀분의 만나와 메추라기를 주셨습니다. 마찬가지로 안식년 전해에는 2년 먹을 양식을 주셨습니다. 이제 희년을 맞아서 하나님께서는 희년을 지키는 자에게 삼년 먹을 소출을 주시겠다고 약속하십니다. 하나님께 순종하면 49년째인 안식년과 50년째인 희년 두 해에 충분히 먹을 양식을 48년째에 주시겠다고 약속하시는 것입니다. 하나님은 하나님께 순종하는 백성을 궁핍과 전쟁으로부터 보호하십니다.

희년과 토지 회수법

희년법은 토지와 관련한 독특한 법률입니다. 토지야말로 생존의 기반이며 하나님이 내리시는 축복의 원천 가운데 하나이기 때문입니다. 희년제도에는 토지와 관련하여 다음과 같은 독특한 내용이 있었습니다.

첫째/ 토지는 하나님의 소유이고 인간은 빌려 쓰는 것일 뿐입니다.

"토지를 영영히 팔지 말 것은 토지는 다 내 것임이라 너희는 나그네요 우거하는 자로서 나와 함께 있느니라 너희 기업의 온 땅에서 그 토지 무르기를 허락할지니"(레 25:23-245).

토지는 하나님의 소유이기 때문에 사람이 사고 팔 수 없다는 것이 희년 법의 가장 기본적인 정신이었습니다. 사고 파는 것이 아니기 때문에 원 주인에게 돌아가는 것이 가능했던 것입니다.

둘째/ 소유주가 빚 때문에 팔 경우 가까운 친척이 도와주어서 다시 사 들일 수 있고, 그렇지 못할 경우에는 희년에 돌려받았습니다.

"만일 너희 형제가 가난하여 그 기업 얼마를 팔았으면 그 근족이 와서 동족의 판 것을 무를 것이요 만일 그것을 무를 사람이 없고 자기가 부요하게 되어 무를 힘이 있거든 그 판 해를 계수하여 그 남은 값을 산 자에게 주고 그 기업으로 돌아갈 것이니라 그러나 자기가 무를 힘이 없으면 그 판 것이 희년이 이르기까지 산 자의 손에 있다가 희년에 미쳐 돌아올지니 그가 곧 그 기업으로 돌아갈 것이니라"(레 25:25-28).

토지는 그 사람에게 기업으로 주어진 것입니다. 그러므로 그 토지를 영구히 소유할 수 있는 사람은 상속권이 있는 자손이나, 가장 가까운 친척이었습니다. 그리고 가까운 친척은 능력이 있으면 그 판 땅을 되사서 기업으로 돌려줄 책임이 있었습니다.

실례를 들면, 룻이 나오미와 함께 고향으로 돌아왔을 때 룻과 나오미는 보아스가 기업을 물기를 원했지만 보아스는 성문 앞으로 나가 자신보다 더 가까운 친척 중에서 기업 무를 자에게서 먼저 허락을 받았던 것을 들 수 있습니다(룻기 4장).

이렇게 친척이 그 기업을 무를 수 없을 때는 희년까지 기다렸다가 토지를 돌려받아야 했습니다.

셋째/ 토지 회수법에는 두 가지의 예외가 있었습니다.

"성벽 있는 성내의 가옥을 팔았으면 판 지 만 일년 안에는 무를 수 있나니 곧 그 기한 안에 무르려니와 주년 내에 무르지 못하면 그 성내 가옥은 산 자의 소유로 확정되어 대대로 영영히 그에게 속하고 희년에라도 돌려 보내지 아니할것이니라 그러나 성벽이 둘리지 아니한 촌락의 가옥은 나라의 전토 일례로 물러주기도 할 것이요 희년에 돌려 보내기도 할 것이니라 레위 족속의 성읍 곧 그 기업의 성읍의 가옥은 레위 사람이 언제든지 무를 수 있으나 레위 사람이 만일 무르지 아니하면 그 기업된 성읍의 판 가옥은 희년에 돌려 보낼지니 대저 레위 사람의 성읍의 가옥은 이스라엘 자손 중에서 얻을 기업이 됨이니라 그러나 그 성읍의 들의 사면 밭은 그의 영원한 기업이니 팔지 못할지니라"(레 25:29-34).

먼저, 성벽으로 둘러싸인 도시 성벽 안의 집은 희년법에 해당되지 않았습니다. 이 경우는 판 지 일년 안에 다시 사지 않으면 도로 사 들일 수 없었습니다.

또, 레위인은 언제나 자기 소유를 다시 사들일 수 있었습니다. 레위인에게는 언제나 희년법이 적용되었습니다. 그것은 레위 사람의 성내 가옥은 기업이 따로 없는 레위인들에게는 기업에 해당하는 것이기 때문입니다. 그러나 레위인도 성벽 바깥의 밭은 사거나 팔 수 없었습니다. 그 밭은 레위인의 영원한 기업이었습니다.

노예 속량법

희년은 또한 종과 노예에 대해서도 독특한 제도를 가지고 있었습니다. 이 제도는 히브리인인 경우와 외국인 노예인 경우가 조금씩 달랐습니다. 희년이란 제도 자체가 사람과 땅이 안식을 취하며 하나님을 기억하는 것과, 하나님의 동등한 피조물인 모든 사람이 평등한 상태를 회복하는 데 있었습니다.

따라서 희년법은 노예에 대한 다음과 같은 제도들을 가지고 있었습니다.

첫째/ 자국인인 경우는 타국인 노예처럼 취급할 수 없고, 고용인으로 취급하되 희년까지만 일하게 했습니다.

"네 동족이 빈한하게 되어 빈 손으로 네 곁에 있거든 너는 그를 도와 객이나 우거하는 자처럼 너와 함께 생활하게 하되 너는 그에게 이식을 취하지 말고 네 하나님을 경외하여 네 형제로 너와 함께 생활하게 할 것인즉 너는 그에게 이익을 위하여 돈을 꾸이지 말고 이익을 위하여 식물을 꾸이지 말라 나는 너희 하나님이 되려고 또는 가나안 땅으로 너희에게 주려고 애굽 땅에서 너희를 인도하여 낸 너희 하나님 여호와니라 네 동족이 빈한하게 되어 네게 몸이 팔리거든 너는 그를 종으로 부리지 말고 품꾼이나 우거하는 자같이 너와 함께 있게 하여 희년까지 너를 섬기게 하라 그 때에는 그와 그 자녀가 함께 네게서 떠나 그 본족에게로 돌아가서 조상의 기업을 회복하리라 그들은 내가 애굽 땅에서 인도하여 낸바 나의 품꾼인즉 종으로 팔리지 말 것이라 너는 그를 엄하게 부리지 말고 너의 하나님을 경외하라"(레 25:39-43).

자국인은 노예로 둘 수 없었습니다. 그는 단지 '품꾼'이나 '우거하는 자' 일뿐이었습니다. 그들은 고용한 사람의 종이 아니라 하나님의 품꾼이었습니다. 그래서 출애굽기 20장 10절에서는 안식일에는 노예나 종들도 안식하도록 하라고 말씀하셨고, 출애굽기 21장 20, 21절에서는 노예를 학대하지 말라고 노예를 보호하시는 규정을 두셨습니다.

둘째/ 자국인 노예는 고용한 지 6년이 되거나, 희년이 되면 자유를 주어야 했습니다.

"네 동족 히브리 남자나 히브리 여자가 네게 팔렸다 하자 만일 육년을 너를 섬겼거든 제 칠년에 너는 그를 놓아 자유하게 할 것이요"(신 15:12)〉

안식년에 그 노예가 원하면 자국인 노예는 자유를 찾을 수 있었고, 그렇지 않더라도 희년이 되면 모든 노예는 자유를 되찾을 수 있었습니다.

셋째/ 외국인 노예는 평생 노예가 될 수 있었고, 상속도 가능했습니다.

"너의 종은 남녀를 무론하고 너의 사면 이방인 중에서 취할지니 남녀 종은 이런 자 중에서 살 것이며 또 너희 중에 우거한 이방인의 자녀 중에서도 너희가 살 수 있고 또 그들이 너희 중에서 살아서 너희 땅에서 가정을 이룬 그 중에서도 그리 할 수 있은즉 그들이 너희 소유가 될지니 너희는 그들을 너희 후손에게 기업으로 주어 소유가 되게 할 것이라 이방인 중에서는 너희가 영원한 종을 삼으려니와 너희 동족 이스라엘 자손은 너희 피차 엄하게 부리지 말지니라"(레 25:44-46).

자국인 노예와는 달리 이방인 노예의 경우는 안식일이나 희년에 자유를 주지 않고 영원히 종으로 섬기게 할 수도 있었습니다. 이 경우 그 노예는 기업으로 인정되어 후손에게 상속으로 물려주는 것도 가능했습니다. 그러나 자국인 중에서는 영원한 종으로 부리는 것은 불가능할 뿐 아니라 엄하게 부리는 것도 금지되었습니다.

넷째/ 자국인의 경우는 친척이나 자신의 능력으로 대가를 지불하면 종에서 해방될 수 있었습니다.

"너희 중에 우거하는 이방인은 부요하게 되고 그 곁에 사는 너희동족은 빈한하게 됨으로 너희 중에 우거하는 그 이방인에게나 그족속에게 몸이 팔렸으면 팔린 후에 그를 속량할 수 있나니 그 형제 중 하나가 속하거나 삼촌이나 사촌이 속하거나 그 근족 중 누구든지 속할 것이요 그가 부요하게 되면 스스로 속하되 자기 몸이 팔린 해로부터 희년까지를 그 산 자와 계산하여 그 년수를 따라서 그 몸의 값을 정할 때에 그 사람을 섬긴 날을 그 사람에게 고용된 날로 여길 것이라 만일 남은 해가 많으면 그 연수대로 팔린 값에서 속하는 값을 그 사람에게 도로 주고 만일 희년까지 남은 해가 적으면 그 사람과 계산하여 그 연수대로 속하는 그 값을 그에게 도로 줄지며 주인은 그를 매년의 삯군과 같이 여기고 너의 목전에서 엄하게 부리지 못하리라 그가 이같이 속하지 못하면 희년에 이르러 그와 그 자녀가 자유하리니 이스라엘 자손은 나의 품꾼이 됨이라 그들은 내가 애굽 땅에서 인도하여 낸 나의 품꾼이요 나는 너희 하나님 여호와니라"(레 25:47-55).

희년이 되기 전이라도 친척이나 자신이 능력이 있으면 저당 잡힌 토지를 되살 수 있었던 것과 마찬가지로, 종으로 팔린 사람도 친척이나 자신의 능력으로 대가를 지불하고 속량을 받을 수 있었습니다. 만약 능력이 없어서 돈으로 속량을 받지 못할 경우라면 그는 희년에 자유롭게 속량될 수 있었습니다.

지금까지 우리는 안식년과 희년에 대해 살펴보았습니다. 안식년이나 희년이 공통으로 가지고 있는 정신은 토지나 사람이나 모든 소유가 하나님께 있으며, 하나님 앞에서는 누구나 평등하다는 사실입니다.

또한 희년과 안식년의 토지 회수법이나 노예 속량법은 예수 그리스도와 관련하여 우리에게 시사하는 바가 많습니다.

그 **첫번째는 하나님의 기업은 영원하다**는 것입니다. 하나님이 각자에게 주신 기업은 영원히 그 사람이 소유할 수 있었습니다. 만약 중간에 빚 때문에 저당을 잡히더라도 희년에는 원 소유주에게로 돌아갔습니다.

땅에 있는 것이 이런데 하늘에 있는 우리의 기업이야 더욱 영원하지 않겠습니까. 저는 이 희년의 토지법을 읽을 때마다 하늘에 쌓아둔 우리의 기업에 대한 기대감으로 가슴이 설렙니다.

두번째는 **모든 빚과 종된 것이 값없이 속량된다**는 것입니다.

안식일과 희년에는 팔았던 토지가 원주인에게로 돌아갔고, 종 되었던 몸이 자유롭게 해방되었습니다. 이것은 우리의 구원과 같습니다. 우리의 구원과 하나님께서 주신 영원한 생명도 값없이 우리에게 주신 것입니다.

어린 양 예수 그리스도께서 십자가에 못 박혀 돌아가심으로 우리에게는 값 없이 구원이 주어졌습니다. 희년이 되면 모든 토지와 모든 노예가 값 없이 속량되듯 우리가 예수를 믿는 그 순간 죄의 종되었던 우리는 값없이 죄에서 해방되었습니다.

안식년과 희년은 값 없이 주시는 하나님의 은혜와 예수 그리스도의 구원을 상징하는 예표인 것입니다.

제 13 장

순종의 축복과 불순종의 저주

"너희가 나의 규례와 계명을 준행하면 내가 너희 비를 그 시후에 수리니 땅은 그 산물을 내고 밭의 수목은 열매를 맺을찌라 너희의 타작은 포도 딸 때까지 미치며 너희의 포도 따는 것은 파종할 때까지 미치리니 너희가 음식을 배불리 먹고 너희 땅에 안전히 거하리라 내가 그 땅에 평화를 줄것인즉 너희가 누우나 너희를 두렵게 할 자가 없을 것이며 내가 사나운 짐승을 그 땅에서 제할 것이요 칼이 너희 땅에 두루 행하지 아니할 것이며 너희가 대적을 쫓으리니 그들이 너희 앞에서 칼에 엎드러질 것이라 너희 다섯이 백을 쫓고 너희 백이 만을 쫓으리니 너희 대적들이 너희 앞에서 칼에 엎드러질 것이며 내가 너희를 권고하여 나의 너희와 세운 언약을 이행하여 너희로 번성케 하고 너희로 창대케 할것이며 너희는 오래 두었던 묵은 곡식을 먹다가 새 곡식을 인하여 묵은 곡식을 치우게 될 것이며 내가 내 장막을 너희 중에 세우리니 내 마음이 너희를 싫어하지 아니할 것이며 나는 너희 중에 행하여 너희 하나님이 되고 너희는 나의 백성이 될 것이니라"(레 26:1~46).

순종의 축복과 불순종의 저주

레위기 26장에서는 순종하는 자의 축복과 불순종하는 자의 불행에 대해 이야기하고 있습니다. 하나님께서 이 두 경우를 모두 제시하시는데, 이것은 성도들을 축복 속에 살게 하시기 원하시는 하나님의 의지를 보여줍니다.

순종하는 사람의 의무

1, 2절에는 하나님을 존중하는 사람의 세 가지 의무가 나옵니다. 이것은 이제까지 계속되어 왔던 말씀을 반복한 것인데, 이 말씀이 중요한 이유는 하나님이 우리들에게 지키라고 주신 세세한 계명을 크게 세 가지로 묶은 것이기 때문입니다.

그 많은 계명들을 일일이 기억해서 다 지킨다는 것은 거의 불가능한 일입니다. 그런데 다행스럽게도 하나님께서는 그것들을 큰 테두리 안에 묶어서 포괄적으로 지킬 수 있도록 해 주신 것입니다. 우리들로서는 아주 다행한 일이 아닐 수 없습니다.

첫째/ 우상을 만들지도 말고 절하지도 말라는 말씀입니다.

"너희는 자기를 위하여 우상을 만들지 말지니 목상이나 주상
을 세우지 말며 너희 땅에 조각한 석상을 세우고 그에게 경배
하지 말라 나는 너희 하나님 여호와임이니라"(레 26:1).

피조물은 어떠한 것일지라도 경배의 대상을 삼아서는 안된다는 말
씀을 하고 계신 것입니다. 다시 말하면, 하나님만 경배하고 하나님 한
분만 섬기는 일에 초점을 두라는 말씀입니다.

다윗은 이 말씀을 실천한 대표적인 사람이었습니다. 그는 인간적으
로 부족한 점이 많았던 사람이었지만, 그는 언제나 하나님과 함께 동
행하면서 하나님 생각을 주로 한 사람이었습니다. 그래서 자기를 여
러 차례 죽이려고 했던 사울 왕을 죽일 수 있는 기회가 몇 번이나 있
었음에도 불구하고, 하나님이 기름을 부으신 자라는 사실 때문에 자
기 신변의 위험을 무릅쓰고 그를 살려 두었습니다.

그는 시를 쓰더라도 '나의 목자는 여호와시니' 라고 하지 않고, '여
호와는 나의 목자시니' 라고 해서 하나님을 우선으로 한 주체로 한 시
를 썼습니다. 그의 마음 가운데에는 언제나 주인되시는 분이 여호와
라는 사실을 한 시도 잊은 적이 없었던 것입니다. 그래서 하나님은 다
윗에게 "그 마음에 합한 자"라는 칭호를 주셨던 것입니다.
사람은 어떤 선한 행위로도 하나님의 마음에 합한 자가 될 수가 없
습니다. **하나님이 보시는 것은 그 사람의 중심입니다.** 그리고 하나님만
을 섬기는 그 마음이 실질적으로 표현되는 것이 나오는 다음의 반복
되는 두 가지 말씀 속에 나타납니다.

둘째/ 하나님의 안식일을 지키라는 말씀입니다.

"너희는 나의 안식일을 지키며"(레 26:2상).

주간의 안식일뿐만 아니라 안식년과 희년 등 하나님께서 명하신 모든 안식일을 지키고, 하나님께서 정해 놓으신 정기 휴식을 충분히 향유하면서 하나님을 기억하라는 것입니다.

하나님을 자신의 유일한 신으로 섬기지 않는 사람들이 안식일을 범합니다. 하나님을 잘 섬기다가도 영적으로 병이 들면 주일 예배를 제일 먼저 소홀히 합니다.

물론 주일 예배에 나오는 사람들은 최소한 하나님을 기억하면서 살려고 하는 사람들로 보아야 합니다.

그러나 주일 저녁 예배에 나오는 사람들과 수요일 예배에 나오는 사람들이 진정으로 하나님을 섬기려고 최선을 다하려고 하는 사람들이라는 것이 저의 생각입니다. 그래서 우스갯소리로 "주님은 비오는 수요일 날 밤에 오신다"는 말까지 생기지 않았습니까?

수요일 예배에 늘 참석하는 사람들은 어떤 훈련을 시켜도 잘할 수 있는 사람들이고, 기둥으로서 교회를 이끌어 나갈 수 있는 일꾼이 될 수 있습니다. 주일의 한가운데 있는 수요일 시간을 낸다는 것은 모든 생활의 중심을 하나님께 놓고 있는 사람이라는 것을 알 수 있는 척도이기 때문입니다.

그리고 예배시간을 잘 지키는 것만큼이나 하나님께서 안식의 시간으로 만들어 놓으신 휴일을 우리는 온전하게 즐길 줄 알아야 합니다. 하나님께서 하라고 하신 대로 하는 것이 우리의 할 일입니다. 구별하여 하나님을 기억하는 날로 지키라고 하면 그렇게 지키면 됩니다.

하나님이 쉬도록 규정한 날 쉬는 사람에게 하나님의 축복이 있습니다.

셋째/ 하나님의 성전을 존중하라는 말씀입니다.

"나의 성소를 공경하라 나는 여호와니라"(레 26:2하).

하나님께서 사람과 함께 임재하심을 상징하는 성전을 소중히 여기고, 하나님과 관련된 모든 것을 정중하게 다루어야 한다는 말씀입니다. 그리고 이 말씀 다음에 '여호와' 라는 하나님의 사인을 하셨습니다.

다윗은 성전을 얼마나 사모하는지 속이 아프다고까지 했습니다. 하나님의 성전에 하루 가 있는 것이 자기의 왕궁에 천년 있는 것보다 낫다고까지 표현했습니다.

주님의 전이라고 해서 그 건물 자체가 중요한 것은 아닙니다. 그것이 상징하는 바가 중요한 것입니다. 성전을 바라보거나 그 안에 있으면 하나님께서 우리와 함께 하신다는 것을 느끼거나 일깨우는 계기가 됩니다.

그래서 성전에만 하나님이 계신 것은 아니지만 그곳을 하나님의 집으로 여기고 소중히 생각하는 것입니다. 마음의 태도를 경건하게 하면 몸가짐도 경건하게 되는 것입니다.

이 세 가지를 지키는 사람은 기본적인 삶의 태도가 달라집니다. 그 사람의 삶의 중심이 하나님이 됩니다. 그래서 이 세 가지가 중요한 축복과 저주의 기준이 되는 것입니다.

하나님께서는 이 조건만 성립되면 결과는 책임지시겠다는 약속을 우리에게 하십니다. 우리는 결과는 알고 있으면서도 그 결과를 낳은 조건에 대해서는 전혀 생각하지 않는 경향이 있습니다. 그러나 원인이 없는 결과는 없습니다. 심는 자가 심는 대로 거두는 법입니다.

순종하는 자의 축복

그 다음 3절부터가 하나님이 말씀하신 대로 순종하는 자의 축복입니다. 3절부터 13절까지는 "만일 너희가… 순종하면 내가 너희에게… 하리라" 하는 형식으로 되어 있습니다. "너희가 그렇게 하면 이런 축복이 있으리라"는 것을 세세하게 구체적으로 보여주고 있는 것입니다.

첫째/ 넉넉한 삶입니다.

"너희가 나의 규례와 계명을 준행하면 내가 너희 비를 그 시후에 주리니 땅은 그 산물을 내고 밭의 수목은 열매를 맺을지라 너희의 타작은 포도 딸 때까지 미치며 너희의 포도 따는 것은 파종할 때까지 미치리니 너희가 음식을 배불리 먹고 너희 땅에 안전히 거하리라"(레 26:3-5).

적절한 햇빛과 비를 주셔서 심으면 거둘 수 있도록 해 주시고, 추수하고 타작할 것이 너무 많아서 그 일을 하다 보면 포도를 심을 계절이 되고 다시 그것을 거두는 날이 옵니다.

일 년 내내 거둘 것이 있는 풍요로운 삶을 주시는 것입니다.

둘째/ 평화로운 삶입니다.

"내가 그 땅에 평화를 줄 것인즉 너희가 누우나 너희를 두렵게 할자가 없을 것이며 내가 사나운 짐승을 그 땅에서 제할 것이요 칼이 너희 땅에 두루 행하지 아니할 것이며"(레 26:6).

우리를 해칠 짐승들을 다 없애버려서 땅에 평화가 있고 해가 되는 것들이 우리에게 가까이 오지 못하도록 막아주십니다.

하나님이 사랑하는 사람에게도 위험이 있을 때가 있습니다. 자신이 하지 않은 일에 모함이 있을 수도 있도 공연한 미움을 받거나 적들이 생기는 경우도 있습니다.

이런 때에는 억울한 생각이 들어서 당장 자신을 변명하고 상대방이 꼼짝도 하지 못하도록 눌러 주고 싶은 생각이 들기도 하지만, 그 상태를 해결하는 가장 좋은 방법은 모든 상황을 하나님께 맡기고 자신은 가만히 있는 것입니다. 그러면 모든 것이 순리대로 해결되고 진실은 밝혀지게 되어 있습니다. 하나님은 살아계시기 때문입니다.

셋째/ 힘이 있는 삶입니다.

"너희가 대적을 쫓으리니 그들이 너희 앞에서 칼에 엎드러질 것이라 너희 다섯이 백을 쫓고 너희 백이 만을 쫓으리니 너희 대적들이 너희 앞에서 칼에 엎드러질 것이며"(레 26:7-8).

이 힘은 하나님께서 주시는 것이기 때문에 열 사람이 백 사람을 대적해서 이길 수 있는 힘이 생깁니다. 하나님께서 나를 대신하여 싸우고 돌보심으로 승리하는 삶을 살 수 있게 되는 것입니다.

넷째/ 번영하는 삶입니다.

"내가 너희를 권고하여 나의 너희와 세운 언약을 이행하여 너희로 번성케 하고 너희로 창대케 할 것이며"(레 26:9).

내 힘으로 하려고 할 때에는 전혀 승산이 없어 보이는 상태에서도 하나님이 함께 하시면 번성합니다. 그래서 폐허 위에서도 새로운 도시를 건설하고 그것을 기반으로 성장을 거듭할 수 있게 되는 것입니다.

이미 갖추어진 조건이 있다고 해서 모두 번성하는 것은 아닙니다. 하나님이 함께 하시는 것이 먼저입니다.

다섯째/ 넘치는 수확이 있는 삶입니다.

"너희는 오래 두었던 묵은 곡식을 먹다가 새 곡식을 인하여 묵은 곡식을 치우게 될 것이며"(레 26:10).

심는 대로 거두는 것은 물론이고 그 이상의 수확을 거두는 축복이 있는 것입니다. 그래서 묵은 곡식을 다 먹지도 못 했는데 벌써 새 곡식으로 곡간이 넘쳐나게 됩니다.

여섯째/ 마지막으로는 이 모든 것을 다 합한 것보다도 더 큰 은혜인 하나님의 임재가 있는 삶입니다.

> "내가 내 장막을 너희 중에 세우리니 내 마음이 너희를 싫어하지 아니할 것이며 나는 너희 중에 행하여 너희 하나님이 되고 너희는 나의 백성이 될 것이니라 나는 너희를 애굽 땅에서 인도하여 내어 그 종된 것을 면케 한 너희 하나님 여호와라"(레 26:11-12).

하나님께서 함께 하시는 사람에게는 이 모든 것을 더하시는 은혜가 있습니다. 주된 것은 그 모든 축복과 함께 하나님 자신이 친히 함께 하신다는 사실입니다.

13절 끝에 덧붙이신 말씀은 "내가 너를 싫어하지 않겠다"는 것입니다. 이것은 히브리의 독특한 문법인 부정적인 어법으로 말해서 그 반대를 강조하는 수사법입니다. 하나님께서 우리를 언제나 사랑하시겠다는 강한 표현이라고 할 수 있습니다.

무한대이신 그분이 내 편이 되시면 다른 어떤 것도 더이상 필요하지 않습니다. 하나님이 모든 복의 처음이고 진행자이시며 마지막이시기 때문입니다.

불순종의 결과

순종하는 자의 축복이 큰만큼 불순종하는 자의 재난도 큽니다. 재난은 불순종의 정도에 따라 커지고 마지막에는 자식을 잡아먹는 지경에까지 이르게 되고, 남은 자들은 썩어져 버리는 인생이 됩니다.

하나님의 축복이 무한대로 오는 것처럼 하나님의 재난도 그 사람이 압사할 정도의 무게로 옵니다. 그래서 하나님을 적대시하는 것은 어리석은 일이요 위험천만한 일입니다.

그러면 내용이 많기는 하지만 불순종의 결과에 대한 말씀을 살펴봅시다.

"그러나 너희가 내게 청종치 아니하여 이 모든 명령을 준행치 아니하며 나의 규례를 멸시하며 마음에 나의 법도를 싫어하여 나의 모든 계명을 준행치 아니하며 나의 언약을 배반할진대 내가 이같이 너희에게 행하리니 곧 내가 너희에게 놀라운 재앙을 내려 폐병과 열병으로 눈이 어둡고 생명이 쇠약하게 할 것이요 너희의 파종은 헛되리니 너희의 대적이 그것을 먹을 것임이며 내가 너희를 치리니 너희가 너희 대적에게 패할 것이요 너희를 미워하는 자가 너희를 다스릴 것이며 너희는 쫓는 자가 없어도 도망하리라 너희가 그렇게 되어도 내게 청종치 아니하면 너희 죄를 인하여 내가 너희를 칠배나 더 징치할지라 내가 너희의 세력을 인한 교만을 꺾고 너희 하늘로 철과 같게 하며 너희 땅으로 놋과 같게 하리니 너희 수고가 헛될지라 땅은 그 산물을 내지 아니하고 땅의 나무는 그 열매를 맺지 아니하리라 너희가 나를 거스려 내게 청종치 않을진대 내가 너희 죄대로 너희에게 칠배나 더 재앙을 내릴 것이라 내가 들짐승을 너희 중에 보내리니 그것들이 너희 자녀를 움키고 너희 육축을 멸하며 너희 수효를 감소케 할지라 너희 도로가 황폐하리라 이런 일을 당하여도 너희가 내게로 돌아오지 아니하고 나를 대항할진대 나 곧 나도 너희에게 대항하여 너희 죄를 인하여 너희를 칠배나 더 칠지라 내가 칼을 너희에게로 가져다가 너희의 배약한 원수를 갚을 것이며 너희가 성읍에 모일지라도 너희 중에 염병을 보내고 너희를 대적의 손에 붙일 것이며 내가 너희 의뢰하는 양식을 끊을 때에 열 여인이 한 화덕에서 너희 떡을 구워 저울에 달아 주리니 너희가 먹어도 배부르지 아니하리라…"(레 26:14-46).

위의 일부만 인용된 본문 말씀에서 알 수 있듯이, 불순종의 결과를 서술한 내용은 그 양에 있어서도 축복에 대한 서술의 배가 넘습니다. 그리고 불순종은 철저히 망하는 길입니다. 인간에게는 죄성이 있고 마귀의 유혹에 항상 노출되어 있기 때문에 축복을 받을 수 있는 가능성보다 저주받을 수 있는 가능성이 훨씬 크다는 것을 말하는 것입니다.

하나님께서는 인간에게 그런 성향이 있다는 것을 알고 계십니다. 그래서 잘못 그 자체만으로 그렇게 엄청난 형벌을 내리시지는 않으십니다.

문제는 그 사람이 어떤 잘못을 했는가가 아니라 잘못을 한 다음에 어떻게 했는가 하는 것입니다. 죄를 저지른 다음에 그 죄를 정당화하고 변명하려고 한다면 하나님의 형벌을 피할 수 없습니다. 그러나 자신의 잘못을 깨닫고 뉘우치면 하나님께서 그 죄를 기억하지 아니하시며 용서해 주십니다.

이런 회개와 회복은 아직 완전하게 성취된 것이 아니라 부분적으로 성취되고 있습니다. 그것의 완전한 성취는 예수님이 오시는 미래에 나타나게 될 것입니다. 하나님은 우리에게 회복과 성취의 마지막을 약속하고 계십니다.

행복과 불행을 내리시는 분은 하나님이지만 그것을 선택하는 것은 우리들 자신입니다. 순종하면 축복이, 불순종하면 재난이 따라옵니다. 그러나 불순종 후에도 진정으로 회개하면 나시 맞아주시고 다시 은혜를 베풀어 주실 기회의 문을 언제나 열어놓고 계십니다.

시편 1편은 선한 사람과 악인의 모습을 모형화시켜 줍니다. 축복의 사람에게는 견고하고 싱싱한 열매가 열리고 악인에게는 생명력이 없고 쓸데 없는 쭉정이만 떨어집니다.

레위기의 결론은 우리에게 희망을 줍니다. 순수하고 깨끗하게 일편단심으로 주님을 사랑하고 주님의 말씀을 따르면, 그리고 잘못된 길로 갔다가도 다시 하나님께로 돌아오면, 하나님께서는 우리에게 한없는 은총을 베풀겠다고 약속하고 계신 것입니다.

제 14 장

가장 좋은 것으로 바치라

여호와께서 모세에게 일러 가라사대 이스라엘 자손에게 고하여 이르라 사람을 여호와께 드리기로 서원하였으면 너는 그 값을 정할지니 너의 정한 값은 이십세로 육십세까지는 남자이면 성소의 세겔대로 은 오십 세겔로 하고 여자이면 그 값을 삼십 세겔로 하며 오세로 이십세까지는 남자이면 그 값을 이십 세겔로 하고 여자이면 십 세겔로 하며 일개월로 오세까지는 남자이면 그 값을 은 오 세겔로 하고 여자이면 그 값을 은 삼 세겔로 하며 육십세 이상은 남자이면 그 값을 십오 세겔로 하고 여자는 십 세겔로 하라 그러나 서원자가 가난하여 너의 정가를 감당치 못하겠으면 그를 제사장의 앞으로 데리고 갈 것이요 제사장은 그 값을 정하되 그 서원자의 형세대로 값을 정할지니라…"(레 27:1-34).

가장 좋은 것으로 바치라

레위기 27장은 일종의 부록과 같은 성격을 가지고 있습니다. 그래서 지금까지의 내용과 직접적인 관계가 있지는 않습니다. 이 장에 제목을 붙인다면 '서원과 헌금'이라고 할 수 있습니다. 서원은 하나님과 하는 언약입니다.

그런데 이 27장은 쌍방이 서약을 하는 것이 아니라 일방적인 서약을 하는 것입니다.

자원하여 드리는 서원

서원을 하는 목적은 여러 가지가 있는데, 그 중에 하나는 고난을 피하기 위한 것입니다. 자신이 어떤 약속하고 그대로 지키겠으니 자신과 가족에게 어려운 일이 일어나지 않게 해달라는 형식으로 하는 약속입니다.

또 어떤 위험이 닥칠 것 같은 때에 그것을 막기 위해서거나 자기에게 필요한 것을 얻기 위한 목적으로도 서원을 합니다. 이런 서원의 특징은 자원하는 것입니다.

그런데 이런 성격 때문에 서원이 악용되는 경우가 있습니다.

미국에서는 텔레비전을 통해 복음을 전하는 목사님들이 많은데, 그 중에 어떤 분들이 화면에 나와서 "당신이 하나님의 축복을 받으려면 지금 텔레비전 화면을 바라보고 있는 이 시간 당신이 가지고 있는 헌금을 보내면서 서원의 기도를 하십시오. 그러면 하나님께서 반드시 그 기도대로 축복하여 주실 것입니다" 라는 말을 합니다. 그러면서 그 돈은 축복의 열쇠가 된다고 하거나 믿음의 씨가 될 것이라고 장담을 합니다. 이렇게 헌금을 거두어 들이는 사람들도 있습니다.

레위기의 원리를 현대에 이런 식으로 이용하고 있는 것을 보면 아주 창피해서 몸둘 바를 모르게 됩니다. 그리고 그렇게 헌금을 해서 하나님의 더큰 축복을 얻었다는 사람을 내세워서 인터뷰도 합니다. 이런 것을 보고 일반 방송의 코메디언들은 빈정대기도 합니다.

그것을 보고 있자면 낯이 뜨겁고 안 믿는 사람들이 믿는 사람들을 얼마나 어리석은 사람들로 생각할까 걱정이 됩니다.

서원의 원리는 분명히 성경에 있지만 그것을 악용한다면 전혀 덕이 되지 못합니다.

서원의 방법

서원은 종교적인 신앙의 표현으로서, 자신의 절실한 문제를 놓고 하나님 앞에 어떤 것을 약속하면서 하는 기도입니다. 그러나 서원은 의무 조항이 아니며 억지로 해야 할 필요도 없습니다.

신명기 23장 21-23절을 보십시오.

"네 하나님 여호와께 서원하거든 갚기를 더디하지 말라 네 하나님 여호와께서 반드시 그것을 네게 요구하시리니 더디면 네

게 죄라 네가 서원치 아니하였으면 무죄하리라만은 네 입에서
낸 것을 그대로 실행하기를 주의하라 무릇 자원한 예물은 네
하나님 여호와께서 네가 서원하여 입으로 언약한 대로 행할지
니라."

서원을 의무적으로 해야 한다는 말은 성경의 어느 곳에도 없습니
다. 그러나 일단 자원해서 서원하였으면 그것은 꼭 지켜야 했습니다.
서원하지 않은 것은 죄가 되지 않습니다. 그러나 스스로 한 번 서원한
것을 지키지 않는 것은 죄가 됩니다.

예를 들어서, 교회 건축을 해야 하는 경우에 많은 교회들이 부흥집
회를 엽니다. 그리고 마지막 날에는 건축헌금을 서약하게 하는 경우
가 있습니다. 이럴 때에 성도들이 가볍게 서원을 하는 실수를 하게 됩
니다.

조금 강압적인 부흥사인 경우에는 성도들을 정신을 차리지 못할 정
도로 흥분을 시킨 다음에 헌금을 약정하게 합니다. 그런데 이런 때에
하는 서원은 자신의 능력과 전혀 상관이 없는 것일 때가 많습니다. 부
흥회가 끝나고 나중에 정신을 차리고 보면 자신이 엄청난 일을 했다
는 것을 알게 되지만 되돌리기에는 이미 늦은 시간입니다. 결국 시험
에 들어서 교회를 옮기게 되는 경우가 생기고 그것이 평생 마음에 걸
림돌로 남게 됩니다.

아무리 교회 건축이 다급하다 하더라도 그런 식으로 사람의 마음을
사로잡아서 서원을 하게 하는 것은 아주 잘못된 방법입니다. 건축은
하나님 앞에 영광을 돌리기 위해서 하는 것인데 그런 식으로 서원을

하게 하는 것은 영광도 은혜도 될 수 없습니다.

중요한 일일수록 오랫동안 기도하고 마음에 확실한 응답을 받아서 약속해야 합니다. 일시적인 기분으로 서약을 하는 것은 스스로 걸림돌을 만드는 것입니다. 서원은 그렇게 하라고 있는 것이 아닙니다. 강제 규정이 없는 만큼 지킬 때는 철저하게 지켜야 하는 것이 서원입니다.

구약 율법에서는 만약에 서원을 파기하게 될 때에는 대속금을 지불하고 속죄 제물을 드리게 되어 있었습니다.

성경에 보면 목동들이 증가한 양을 십일조로 드리기 위해서 양들을 지팡이 밑으로 지나가게 하는 것이 나옵니다. 지팡이 밑으로 양들을 지나가게 하고는 열번째 양은 하나님의 것으로 구별하여 바칩니다. 그리고 다시 열번째를 골라서 하나님께 바치는 양으로 구별해 놓습니다.

그런데 이 때, 아주 제일 살지고 좋은 양이 열번째로 걸리는 되는 경우가 있습니다. 그러면 주인은 그 양을 바치고 싶지 않은 생각이 들 것입니다.

하나님은 이때를 대비해서 다른 대안을 준비해 주셨는데 그 양에 해당하는 값에다가 20퍼센트를 더해서 성전에 내고 그 양을 다시 자기 집으로 데려올 수 있습니다.

그러나 그냥 그 양을 자기 것으로 만들 수는 없었습니다. 일단 하나님의 것으로 구별되면 어떤 방법으로든 바쳐야 했습니다.

서원의 대상

서원의 대상은 여러 가지가 있습니다. 가축이나 집이나 땅을 서원의 대상으로 할 수도 있고 자기가 자기 자신을 하나님 앞에 서원할 수도 있습니다. 그리고 그럴 때에는 서원의 기간을 정할 수도 있습니다. 하루가 될 수도 있고 일평생이 될 수도 있습니다.

몰몬 교도들은 18살이 되면 의무적으로 2년을 하나님 앞에 서원하게 되어 있습니다. 우리 나라에도 그런 몰몬 교도들이 많이 들어와 있습니다. 그런 경우는 의무적으로 자기 자신을 하나님 앞에 서원한 경우입니다.

다른 예로는 의료선교 같은 것을 들 수 있습니다. 의료계에 종사하는 사람들이 소련이나 아프리카 등으로 의료 선교를 나가는 경우가 있는데 이런 때는 열흘에서 일 년 동안 자기 병원의 문을 닫아야 합니다. 의사가 열흘 이상 휴업을 한다는 것은 재정적으로나 장기적인 운영 면에서 손해일 수 있습니다. 그럼에도 불구하고 선교를 위해서 하나님 앞에 시간과 재정을 하나님께 드릴 것을 서원한 것입니다.

하나님께서는 은밀하게 한 이야기도 들으시고 기억하십니다. 아론과 미리암이 모세에 대한 험담을 했는데 그 말을 들으신 하나님께서 미리암에게 문둥병으로 벌하신 경우가 있습니다. 성경의 곳곳에는 백성들이 한 이야기를 여호와께서 들으시고 그에 대응하시는 장면들이 있습니다.

그래서 하나님께서는 "하늘로도 말고 땅으로도 말고 네 머리로도 맹세하지 말라"고 하셨습니다. 인간은 그런 약속을 지킬 만한 아무런 힘도 없다는 것을 알고 계시기 때문입니다.

그래서 저는 웬만해서는 시간 약속도 잘 하지 않습니다. 서울 시내의 도로 사정이라는 것이 아무리 시간을 지키려고 노력을 해도 지킬 수 없게 만든다는 것을 알기 때문입니다. 그래서 "최선을 다해서 그 시간에 오겠다"는 말을 합니다. 공연히 약속했다가 본의 아니게 못 지켜서 죄인이 되지 않기 위해서입니다.

모든 일이 하나님께서 원하시고 허락하셔야 할 수 있는 것이지 사람의 의지로 되는 것이 아닙니다. 인간은 제한적인 존재이기 때문에 절대적인 말을 할 수 없는 존재입니다.

그런데 그런 것을 생각하지 않고, 마치 자기 생각이나 의지대로 행하면 모든 것이 다 이루어질 것이라고 믿는 것은 아주 교만한 생각입니다. 인간과의 약속도 이렇게 중요한데 하물며 하나님께 한 서원은 얼마나 더 신중하고 어렵게 생각해야 하겠습니까?

만일 사람을 서원했는데 그것을 못 지키게 되면 그 역시 사람에 해당하는 금액에 20퍼센트를 얹어서 대속을 해야 했습니다.

그러나 이미 하나님께 속해 있는 것은 다시 하나님께 서원하지 못하게 되어 있었습니다. 예를 들면, "십일조를 내겠습니다"라는 것은 서원의 제목이 되지 못합니다. 십일조는 이미 하나님께 속한 것이기 때문에 내가 마음대로 사용할 수 없습니다.

서원에도 이런 원리들이 있다는 것을 감안해서 알아 두어야 할 것입니다.

사람을 서원한 일례를 보면, 만약에 내가 나나 내 자식을 하나님께 바치겠다고 서원했는데 그것을 못 지키게 되었을 경우에는 그 사람에 해당하는 가치만큼을 대속금을 내야 했습니다. 그 금액은 그 사람의 생산능력에 따라서 결정되었습니다.

예를 들어서, 20살에서 60세까지의 남자는 그 연령층이 가장 생산적이기 때문에 하나님께서 아주 완전한 대가를 요구하셨습니다.

"여호와께서 모세에게 일러 가라사대 이스라엘 자손에게 고하여 이르라 사람을 여호와께 드리기로 서원하였으면 너는 그 값을 정할지니 너의 정한 값은 이십세로 육십세까지는 남자이면 성소의 세겔대로 은 오십 세겔로 하고 여자이면 그 값을 삼십 세겔로 하며 오세로 이십세까지는 남자이면 그 값을 이십 세겔로 하고 여자이면 십 세겔로 하며 일개월로 오세까지는 남자이면 그 값을 은 오 세겔로 하고 여자이면 그 값을 은 삼 세겔로 하며 육십세 이상은 남자이면 그 값을 십오 세겔로 하고 여자는 십 세겔로 하라"(레 27:1-7).

남자의 경우는 50세겔을, 여자의 경우는 30세겔을 주어야 했는데 그것은 남녀를 차별하기 위해서 그런 것은 아닙니다. 이 액수는 인간 자체의 가치를 놓고 말하는 것이 아니라 노동력을 놓고 말하는 것입니다.

여성 인권운동을 하는 사람들은 이런 본문 때문에 구약을 싫어하고 불공평하다고 생각합니다. 그러나 이런 주장은 성경을 잘 알지 못해서 나온 것입니다.

태어날 때부터 남자와 여자는 노동력의 차이가 있습니다. 현대의 전문직업을 제외한다면 육체적 노동은 여자들이 하기 어렵습니다. 그래서 같은 월급을 받고 일하는데 힘드는 일은 남자에게만 시킨다면 그것이야말로 불공평한 것입니다.

일을 하는 양만큼 대우를 해 주는 것이 공평한 것입니다. 50세겔과 30세겔은 여자와 남자의 가치를 말하는 것이 아니라 그들이 생산해 낼 수 있는 노동력의 가치를 계산한 것입니다. 그래서 하나님께서도 그렇게 계산된 값을 받으시는 것입니다. 물론 오늘에 와서는 어떤 전문분야에서는 이 원리가 적용이 되지 않을 것입니다.

그런데 가난해서 정해진 돈을 낼 능력이 없을 때에는 제사장을 찾아가서 자신의 사정을 이야기하고 능력에 맞는 액수로 탕감을 받을 수 있게 되어 있었습니다.

"그러나 서원자가 가난하여 너의 정가를 감당치 못하겠으면 그를 제사장의 앞으로 데리고 갈 것이요 제사장은 그 값을 정하되 그 서원자의 형세대로 값을 정할지니라"(레 27:8).

하나님은 사람이 무리한 짐을 지는 것을 가능한 한 피할 수 있도록 만들어 놓으셨습니다. 일단 바치기로 한 것은 철저하게 그 약속을 지키게 하셨지만 그래도 그 사람의 형편에 도저히 할 수 없는 일을 억지로 하게 하시지는 않으시는 분입니다.

"사람이 자기 집을 구별하여 여호와께 드리려면 제사장이 그

우열간에 정가할지니 그 값이 제사장의 정한 대로 될 것이며
그 사람이 자기 집을 무르려면 정가한 돈에 그 오분 일을 더할
지니 그리하면 자기 소유가 되리라 사람이 자기 기업된 밭 얼
마를 구별하여 여호와께 드리려면 두락수대로 정가하되 보리
한 호멜지기에는 은 오십 세겔로 계산할지며"(레 27:14-16).

집이나 밭을 바치기로 했는데 그 대신 돈으로 바치겠다고 하면 그
것에 상응하는 가격은 제사장이 정하게 되어 있었습니다. 그리고 밭
을 바친다고 했을 때 이 말은 그 땅을 직접 바치는 것이 아니라 거기
서 난 곡식을 바치는 것을 의미합니다.

서원할 수 없는 것들

그러나 다음의 세 가지는 하나님께 서원할 수 없는 것이었습니다.

첫째/ 정결한 짐승의 첫새끼를 따로 서원할 수 없었습니다.

"오직 생축의 첫새끼는 여호와께 돌릴 첫새끼라 우양을 물론
하고 여호와의 것이니 누구든지 그것으로는 구별하여 드리지
못할 것이며"(레 27:26).

정결한 짐승의 첫새끼는 본래 하나님의 것이기 때문입니다. 사람이
서원을 하고 안 하고에 따라서 결정되는 것이 아니라 이미 태어날 때
부터 결정되어 있었던 것입니다.

오늘도 처음 얻은 수입은 하나님께 전부 드리는 사람이 있습니다.

처음 월급을 봉투째 부모님께 바치는 사람도 이런 맥락에서 이해해야 할 것입니다. 가게를 얻어서 첫날 번 수입은 모두 하나님께 바치는 사람, 개척교회를 하면서 드린 첫 예배에서 나온 헌금을 모두 선교헌금으로 내 놓는 교회, 이런 분들의 신앙이 바로 하나님이 기뻐하시는 신앙입니다. 이런 것은 자원해서 하는 것이지 의무화되어 있는 것은 아닙니다.

모든 것이 하나님의 은혜임을 인정하고 사는 사람들이기 때문입니다. 우리의 삶에서도 이런 사고 방식을 훈련하는 것은 아주 복된 일입니다.

둘째/ 부정한 재물을 서원할 수 없습니다.

> "부정한 짐승이면 너의 정가에 그 오분 일을 더하여 속할 것이요 만일 속하지 아니하거든 너의 정가대로 팔지니라"(레 27:27).

부정한 재물로 하나님을 기쁘시게 할 수 없습니다. 부정하게 훔치거나 속이거나 빼앗아서 바치는 제물을 하나님께서 기쁘게 받으시겠습니까? 이런 것을 기쁘게 받을 사람을 오직 한 사람, 원래의 주인밖에 없습니다.

또한 흠이 있는 것을 하나님께 바치는 것도 하나님은 기뻐하시지 않습니다. 그래서 하나님께 바쳐지는 짐승이 부정한 짐승일 때는 그 짐승을 받지 않으시고 속하게 하셨습니다.

하나님께 바칠 때는 가장 좋은 것으로 바쳐야 합니다.

셋째/ 십일조는 서원할 수 없습니다.

"땅의 십분 일 곧 땅의 곡식이나 나무의 과실이나 그 십분 일은 여호와의 것이니 여호와께 성물이라 사람이 그 십분 일을 속하려면 그것에 그 오분 일을 더할 것이요 소나 양의 십분 일은 막대기 아래로 통과하는 것의 열째마다 여호와의 거룩한 것이 되리니 그 우열을 교계하거나 바꾸거나 하지 말라 바꾸면 둘 다 거룩하리니 속하지 못하리라"(레 27:30-33).

이것도 앞에서 말씀드렸듯이 이미 하나님의 것으로 정해진 것이기 때문에 서원의 대상이 될 수 없는 예물이었습니다.

하나님 앞에 십일조 할 것을 약속하면서 마치 아주 큰 일을 하는 것처럼 생각하는 사람은 그 생각 자체가 잘못되었다는 것을 알아야 합니다. 십일조는 하나님을 믿는 사람이면 당연히 해야하는 일종의 의무입니다. 당연히 해야 할 것을 하면서 생색을 낸다면 얼마나 어리석은 행동입니까?

십일조는 하나님께서 축복을 약속하신 예물입니다. "너희가 이렇게 하면 내가 반드시 축복하리라"고 하셨고, 심지어는 "내가 축복하는지 시험해 보라"고까지 말씀하셨습니다(말 3:8-10).

결론적으로 말하면, 하나님께 속한 것은 철저하게 하나님께 드려야 하고, 하나님과 약속한 것은 반드시 지켜야 하고, 그것을 하지 못할 경우에는 대속금에 20퍼센트를 더해서 내야 한다는 것이 하나님의 원리입니다.

그리고 하나님의 계명에 의해서뿐 아니라 그 이상을 자원해서 서원하는 사람에게는 하나님께서 더 큰 축복으로 함께 해 주실 것이라는 것을 알아야 합니다.

지금까지 공부한 말씀을 깊이 새겨서, 레위기를 그저 구약의 한 율법으로만 생각하지 말고, 하나님 앞에 드릴 것을 바로 드리고, 하나님이 지키라고 명하신 것을 잘 지키며, 그로 인하여 넘치는 하나님의 은혜를 받는 사람, 거룩하신 하나님의 백성으로서 거룩한 삶을 사시는 성도 여러분들이 되시기를 기도합니다.

거룩하신 하나님께서 당신의 거룩한 백성들에게 하나님처럼 거룩해져서 하나님께서 원하시는 거룩한 삶을 이 땅에서 살아 하나님의 약속하신 축복을 누리라는 것이 레위기의 메시지입니다.

거룩한 삶을 살라

1996년 4월 30일 초판 발행
2014년 5월 10일 초판 4쇄 발행

지은이　김상복
발행처　도서출판 선교횃불
등록일　1999년 9월 21일 제54호
등록주소　서울시 송파구 백제고분로 27길 12(삼전동)
전　화　(02) 2203-2739
팩　스　(02) 2203-2738
이메일　ccm2you@gmail.com
홈페이지　www.ccm2u.com

ⓒ도서출판 선교횃불